das liebe Buch

Bibliografische Information der Deutschen Bibliothek:
Die Deutsche Bibliothek verzeichnet diese Publikation in der Deutschen Nationalbibliografie;
detaillierte Informationen sind im Internet über dnb.ddb.de abrufbar.

Toonlight präsentiert
DAS LIEBE BUCH
Ein satirisches Cartoonbuch über die Liebe

© 2007 Toonlight
Markus Arnold · Stephan Baumgarten · Chris Bögle · Alex Hese · Miguel Fernandez · Steffen Gumpert
Christian Habicht · Michael Holtschulte · Falk Hühne · Denis Metz · Dirk Pietrzak · Lino Wirag

Herstellung und Verlag: Books on Demand GmbH, Norderstedt.

ISBN: 978-3-8370-2528-6

Herausgeber: Thomas Sausen
Coverillustration: Miguel Fernandez
Layout: Miguel Fernandez · Michael Holtschulte

www.toonlight.de

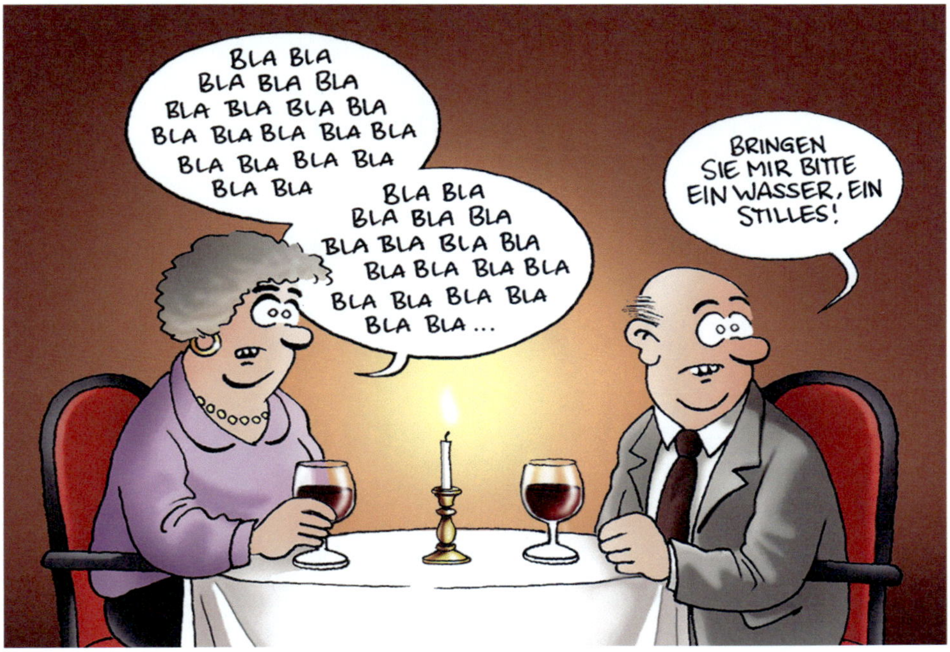
BLA BLA
BLA BLA BLA
BLA BLA BLA BLA
BLA BLA BLA BLA BLA
BLA BLA BLA BLA
BLA BLA
BLA BLA
BLA BLA BLA
BLA BLA BLA BLA
BLA BLA BLA BLA
BLA BLA BLA BLA
BLA BLA ...
BRINGEN SIE MIR BITTE EIN WASSER, EIN STILLES!

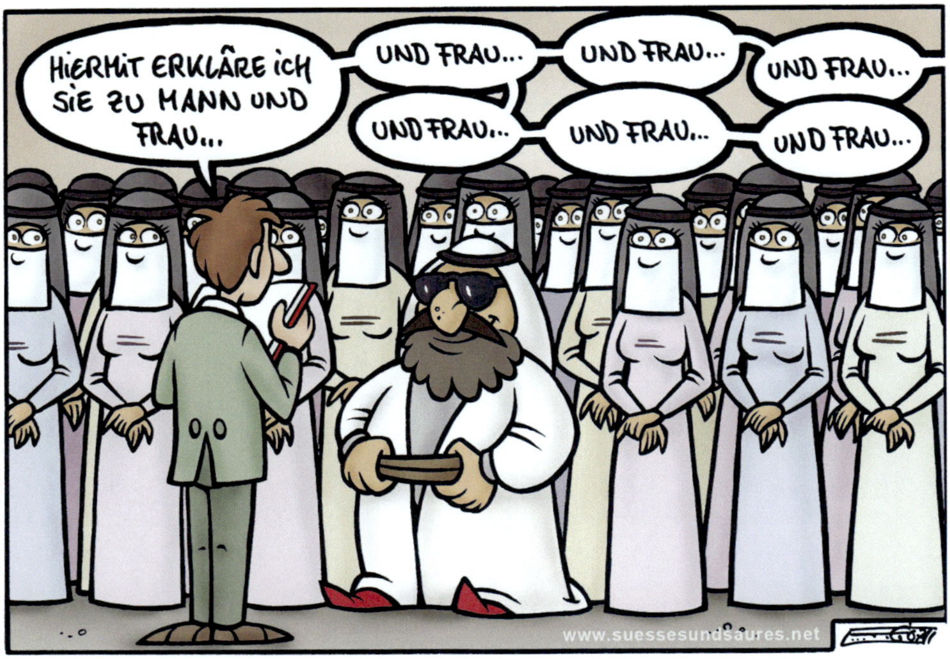
HIERMIT ERKLÄRE ICH SIE ZU MANN UND FRAU...
UND FRAU...
UND FRAU...
UND FRAU...
UND FRAU...
UND FRAU...
UND FRAU...
www.suessesundsaures.net

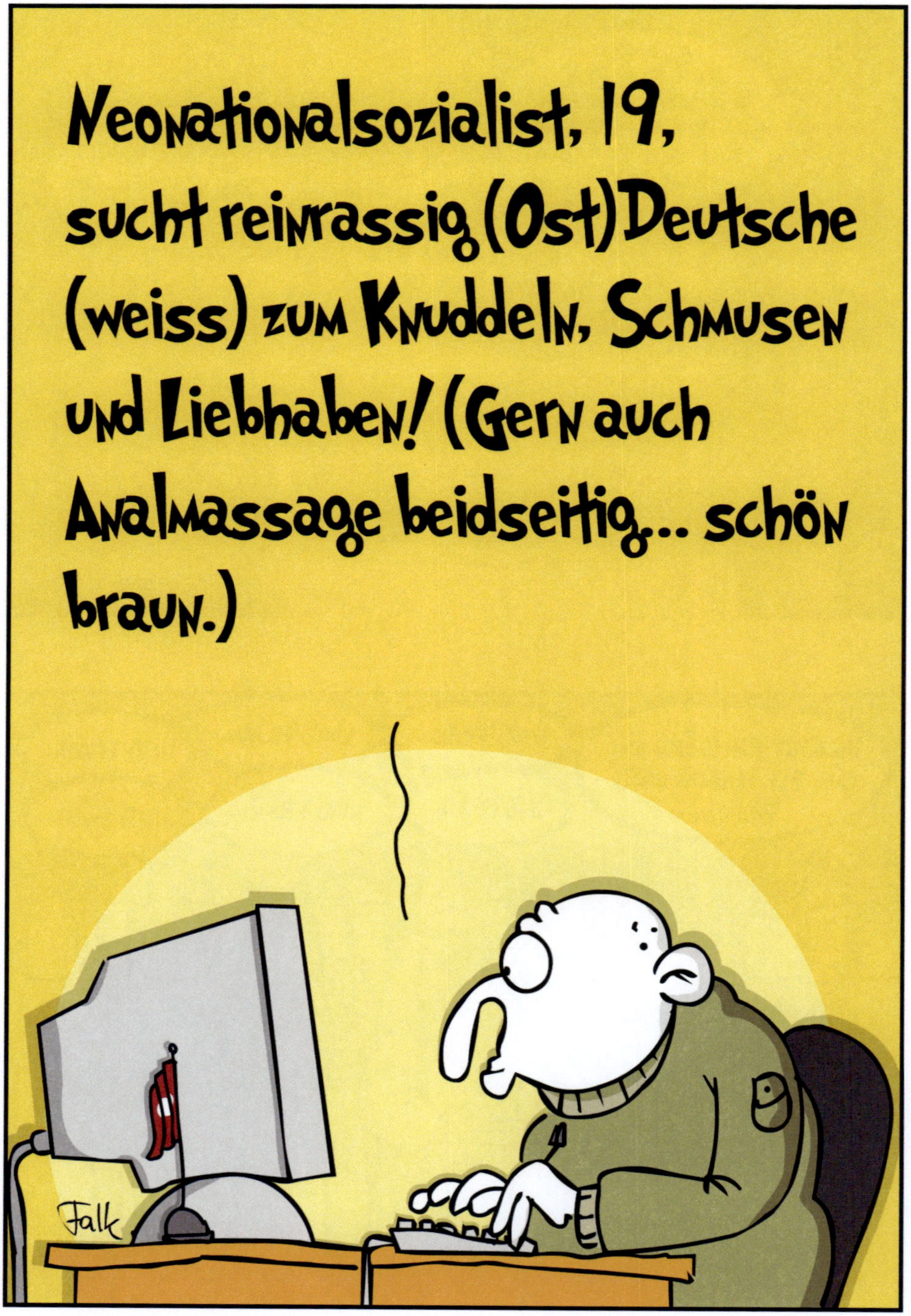
Neonationalsozialist, 19, sucht reinrassig (Ost)Deutsche (weiss) zum Knuddeln, Schmusen und Liebhaben! (Gern auch Analmassage beidseitig... schön braun.)
Falk

HERR SCHNABULAK

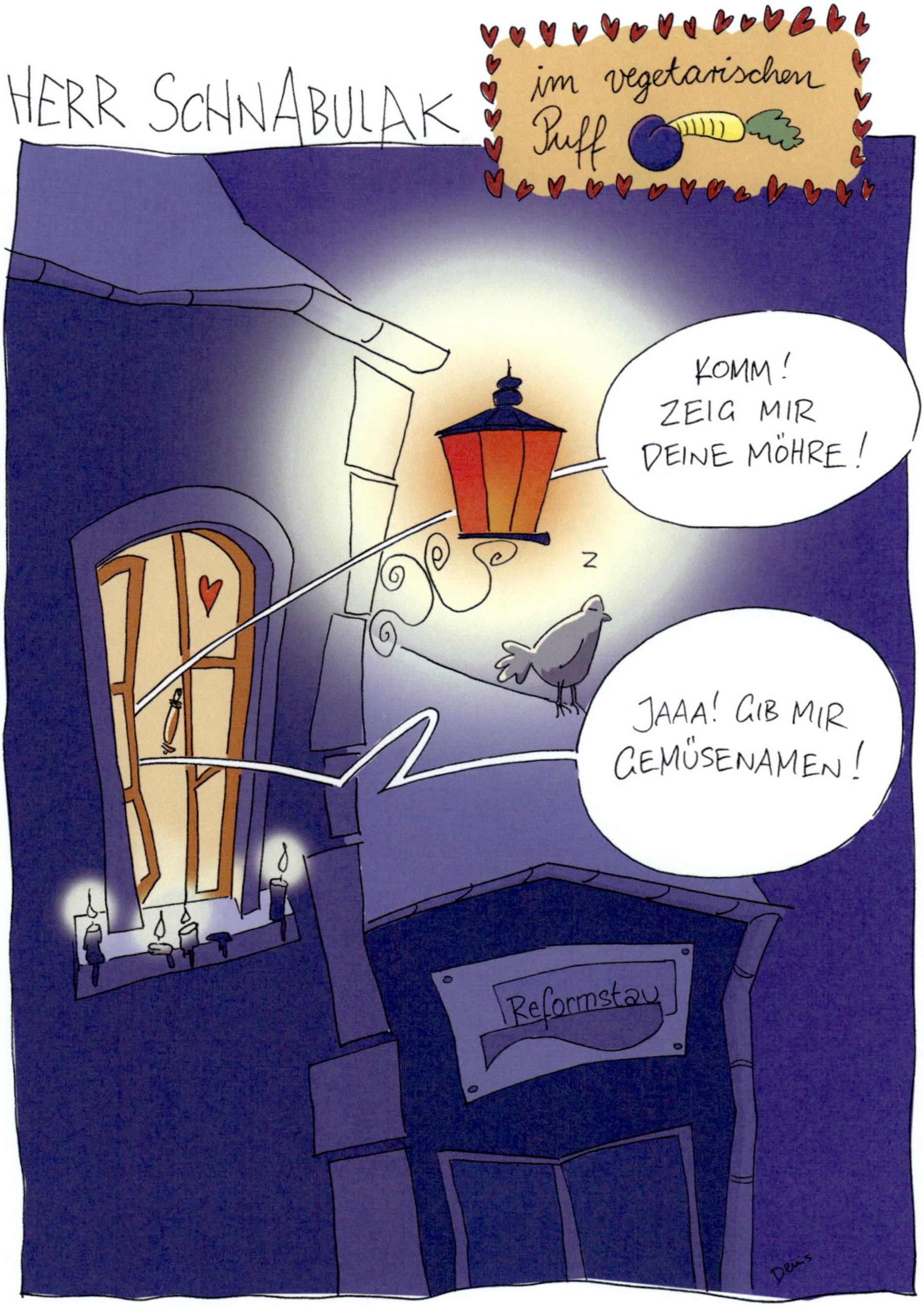
im vegetarischen Puff
KOMM! ZEIG MIR DEINE MÖHRE!
JAAA! GIB MIR GEMÜSENAMEN!
Reformstau

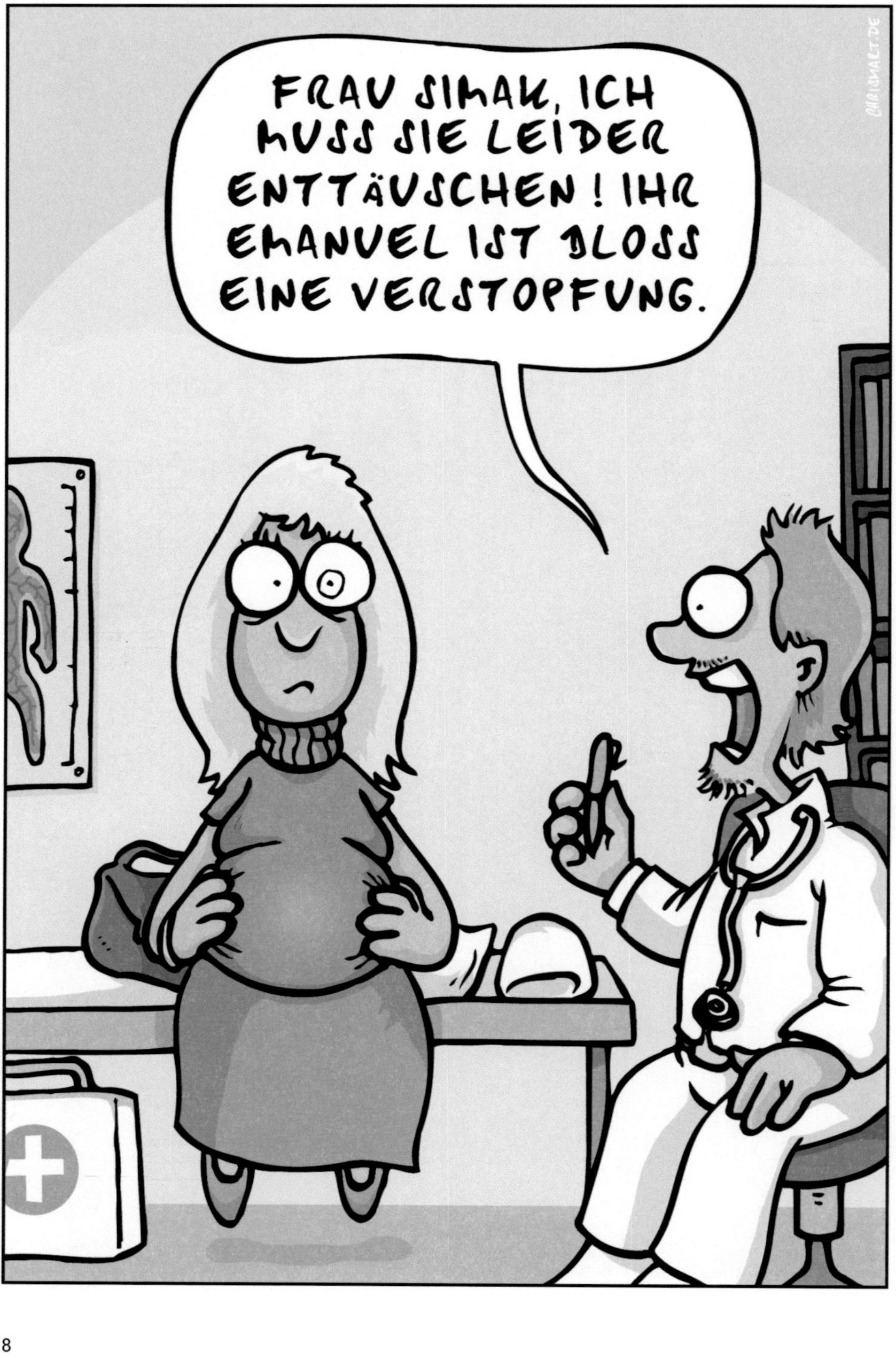
FRAU SIMAK, ICH MUSS SIE LEIDER ENTTÄUSCHEN! IHR EMANUEL IST BLOSS EINE VERSTOPFUNG.

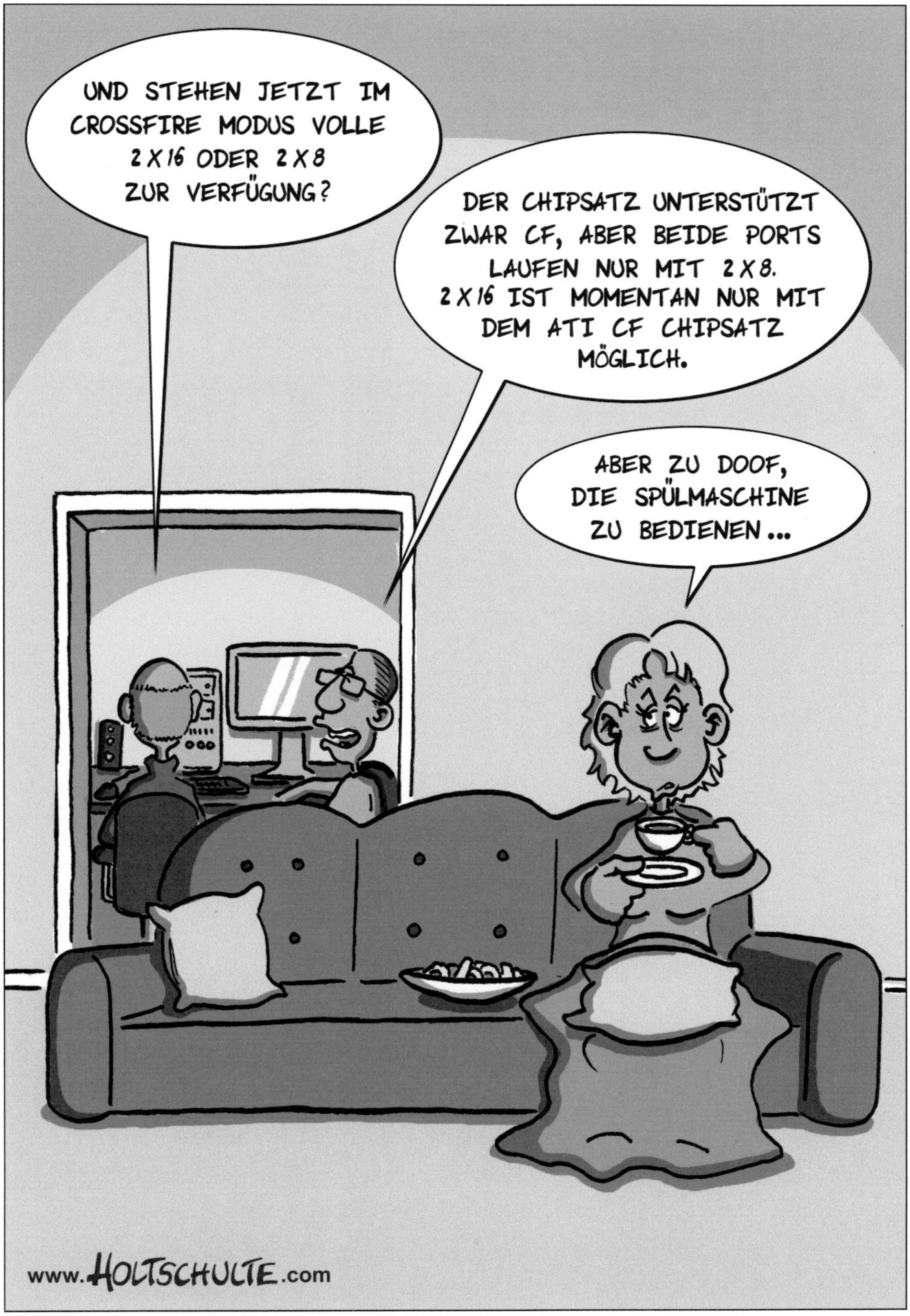
UND STEHEN JETZT IM CROSSFIRE MODUS VOLLE 2 X 16 ODER 2 X 8 ZUR VERFÜGUNG?
DER CHIPSATZ UNTERSTÜTZT ZWAR CF, ABER BEIDE PORTS LAUFEN NUR MIT 2 X 8. 2 X 16 IST MOMENTAN NUR MIT DEM ATI CF CHIPSATZ MÖGLICH.
ABER ZU DOOF, DIE SPÜLMASCHINE ZU BEDIENEN...
www.HOLTSCHULTE.com

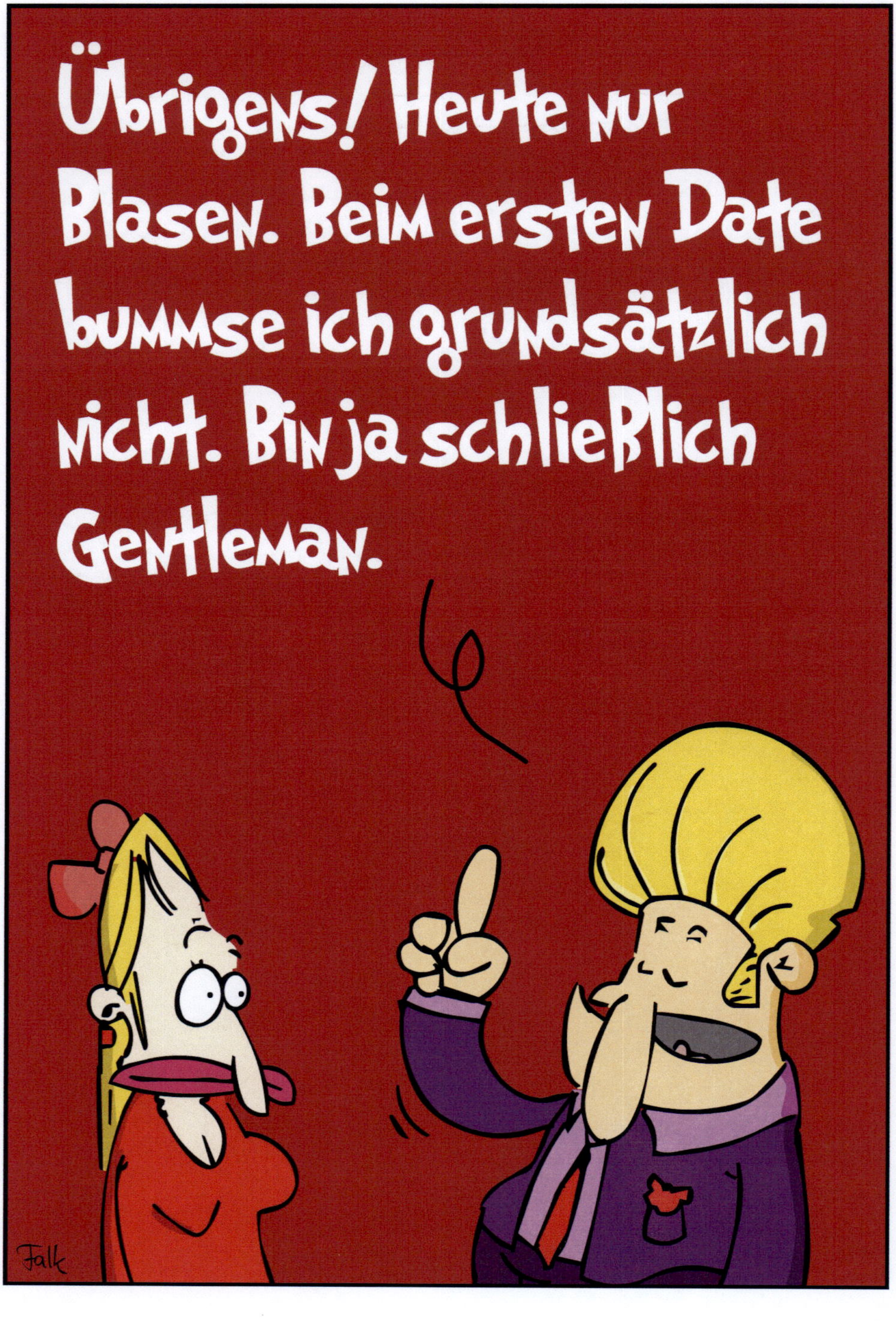
Übrigens! Heute nur Blasen. Beim ersten Date bummse ich grundsätzlich nicht. Bin ja schließlich Gentleman.
Falk

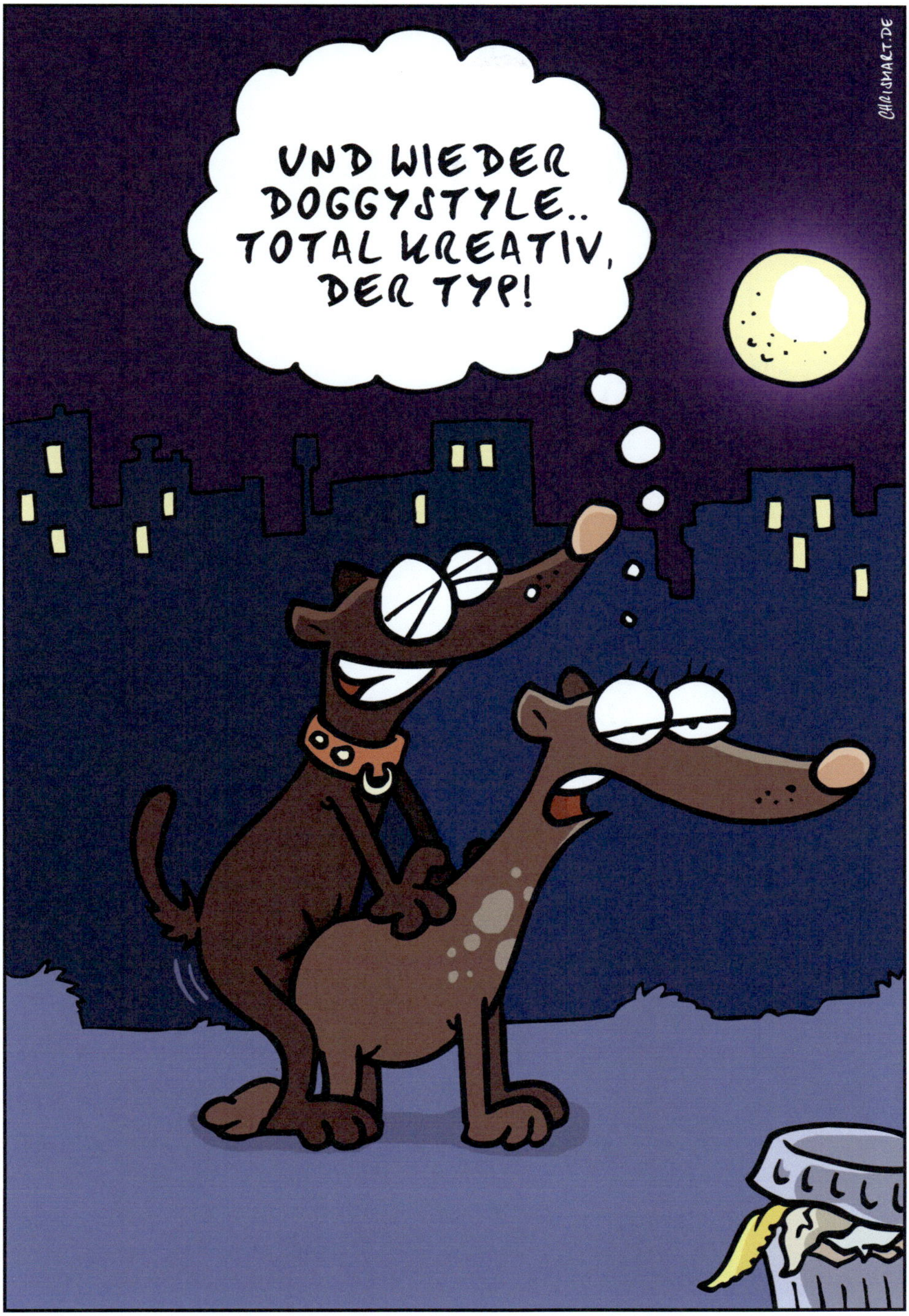
UND WIEDER DOGGYSTYLE.. TOTAL KREATIV, DER TYP!
CHRISMART.DE

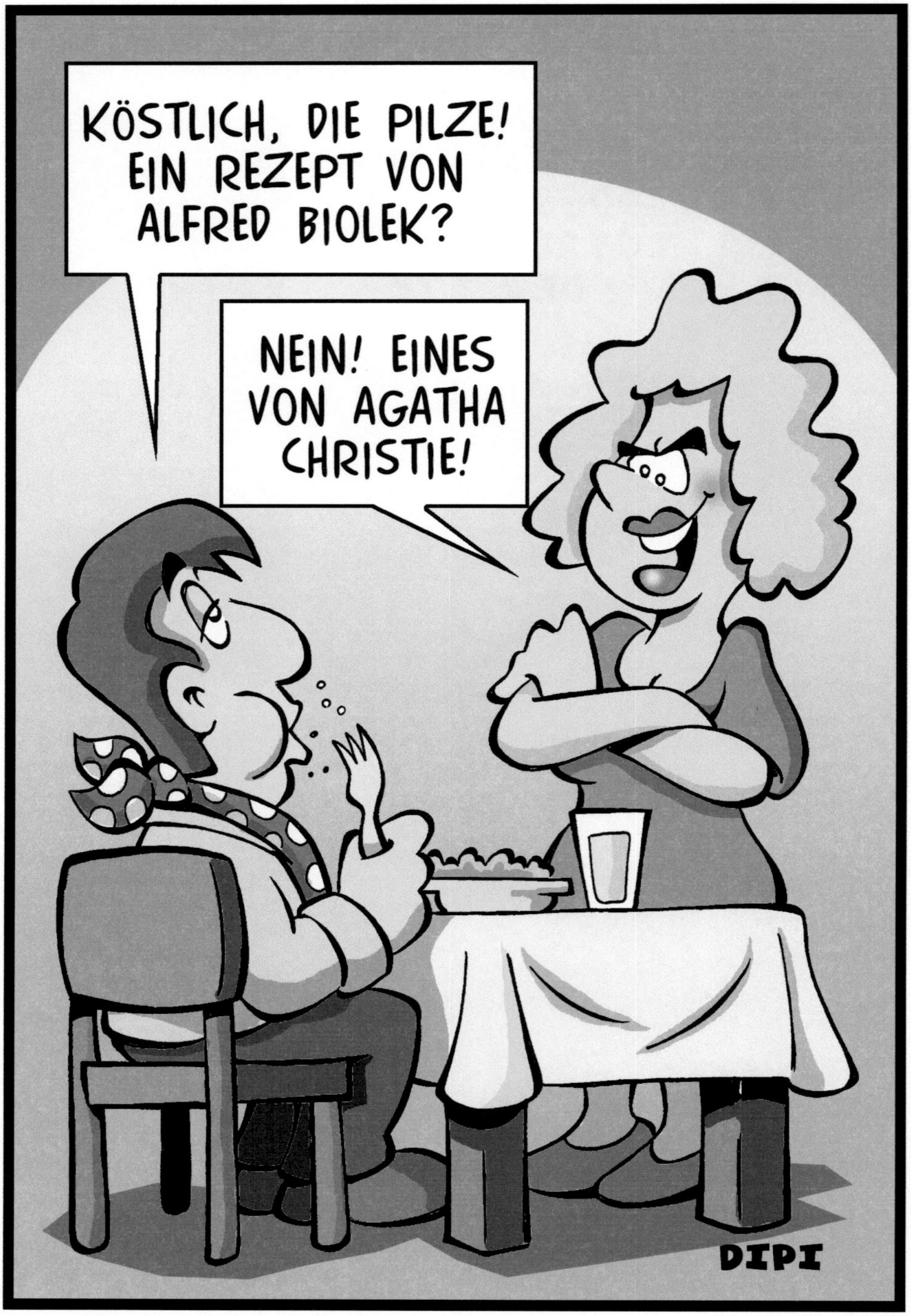
KÖSTLICH, DIE PILZE! EIN REZEPT VON ALFRED BIOLEK?
NEIN! EINES VON AGATHA CHRISTIE!
DIPI

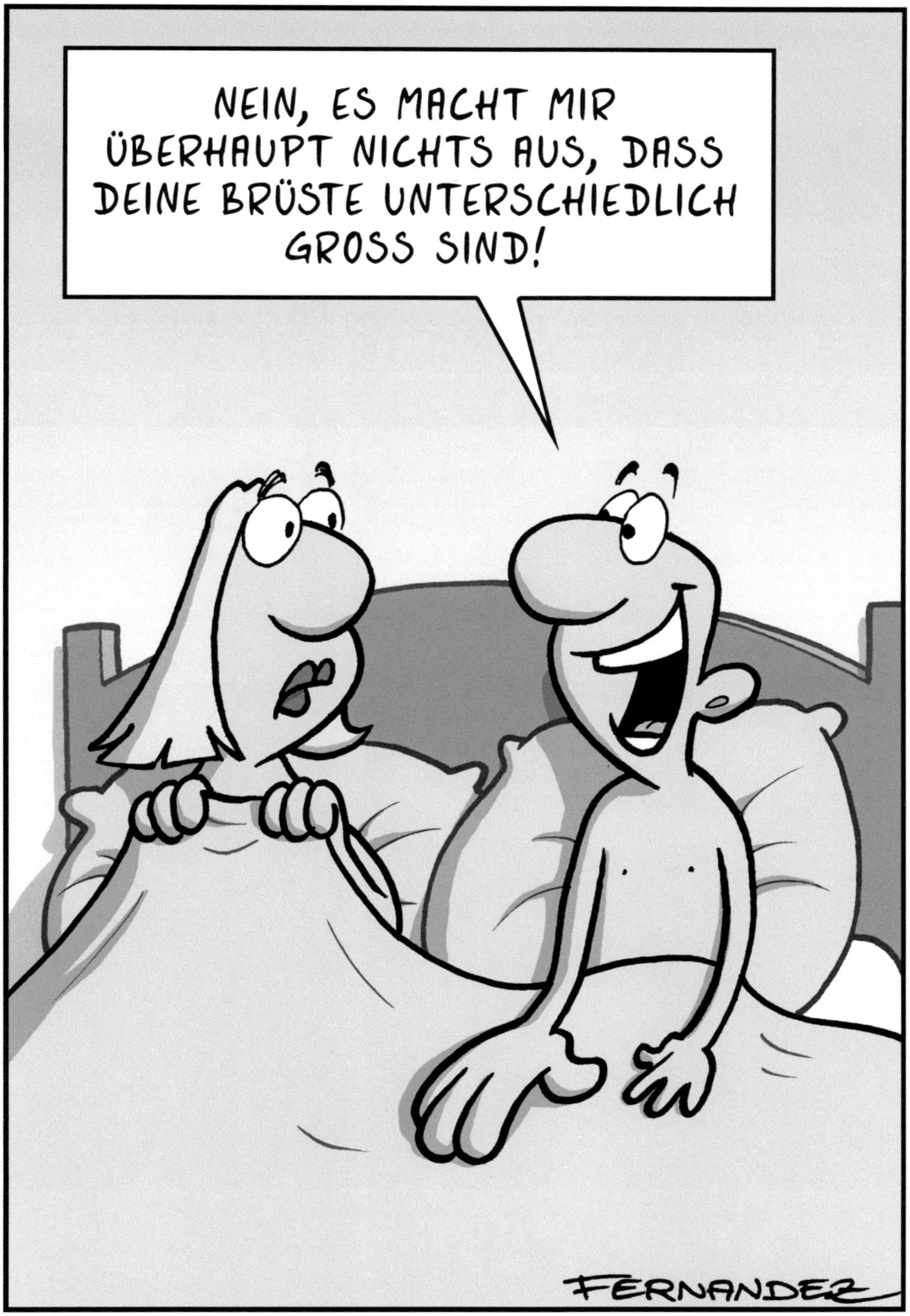
NEIN, ES MACHT MIR ÜBERHAUPT NICHTS AUS, DASS DEINE BRÜSTE UNTERSCHIEDLICH GROSS SIND!
FERNANDEZ

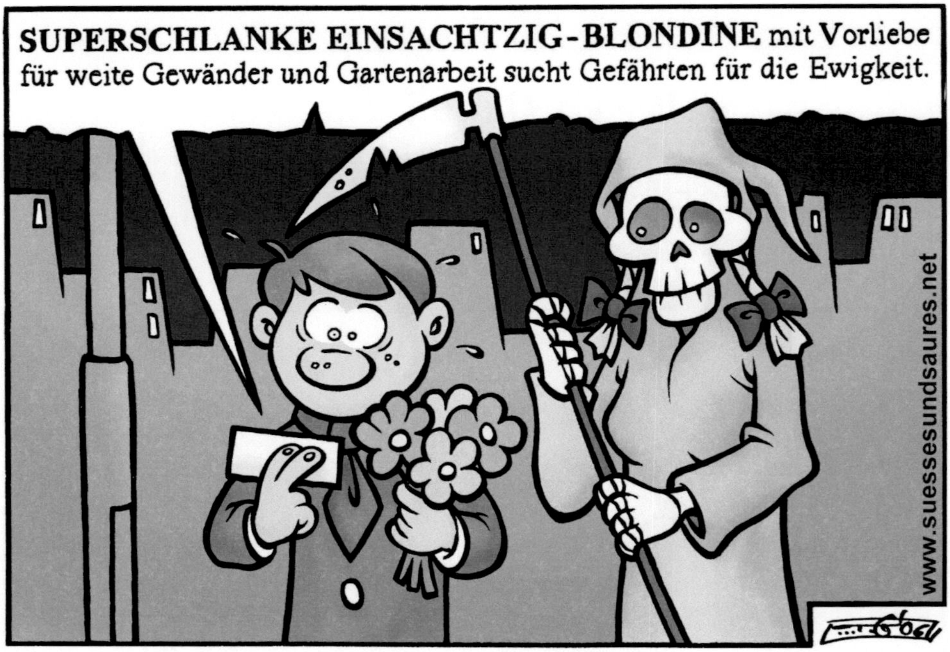
SUPERSCHLANKE EINSACHTZIG-BLONDINE mit Vorliebe für weite Gewänder und Gartenarbeit sucht Gefährten für die Ewigkeit.
www.suessesundsaures.net

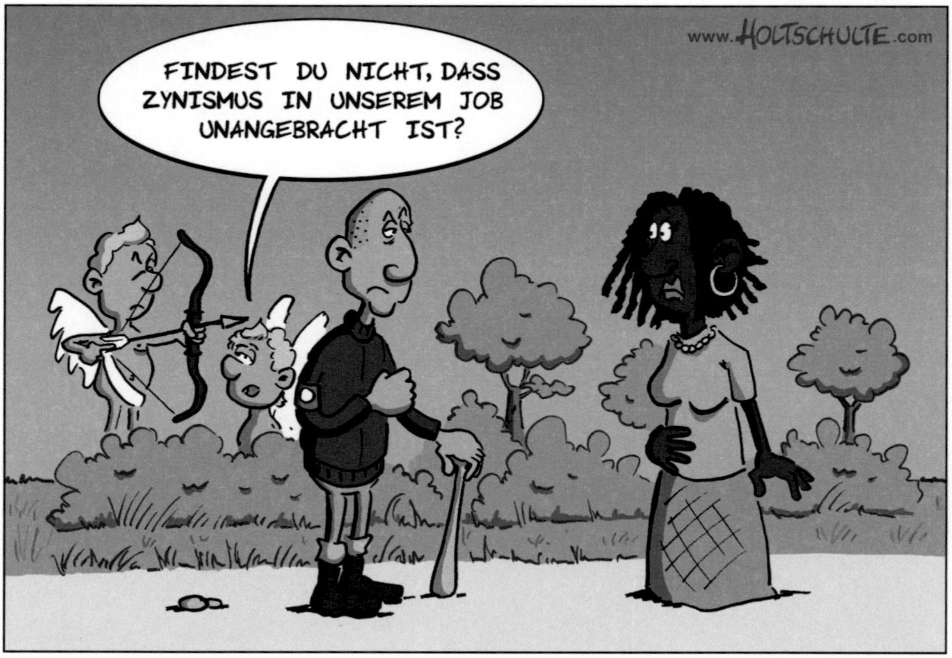
www.HOLTSCHULTE.com
FINDEST DU NICHT, DASS ZYNISMUS IN UNSEREM JOB UNANGEBRACHT IST?

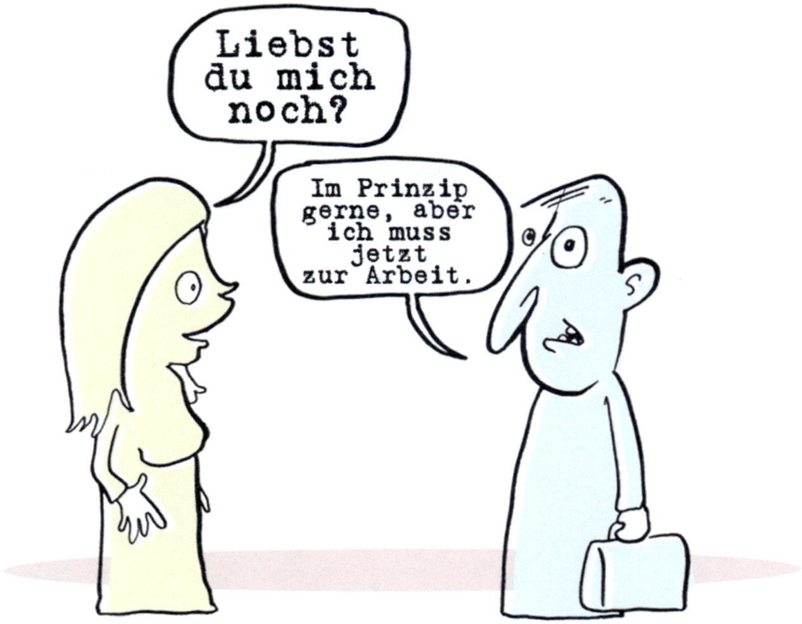
Liebst du mich noch?
Im Prinzip gerne, aber ich muss jetzt zur Arbeit.

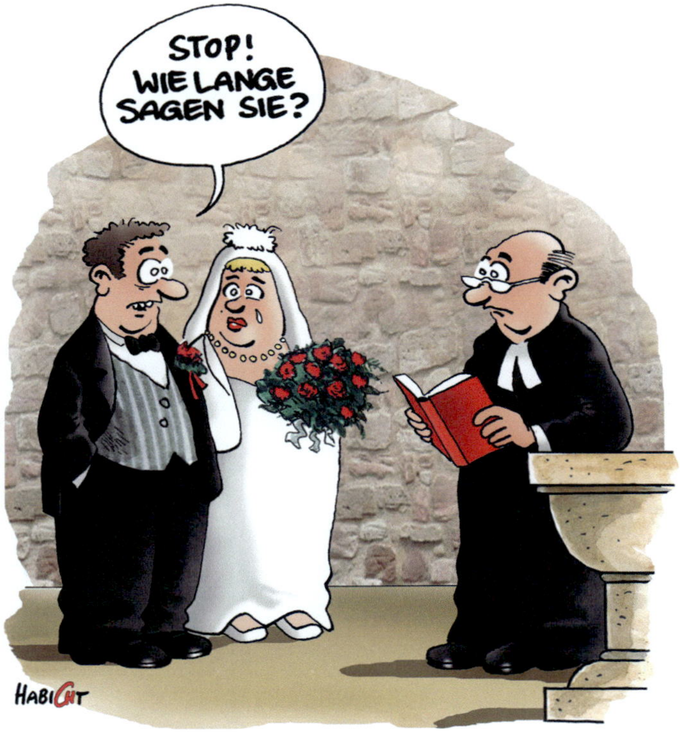
STOP! WIE LANGE SAGEN SIE?
HABICHT

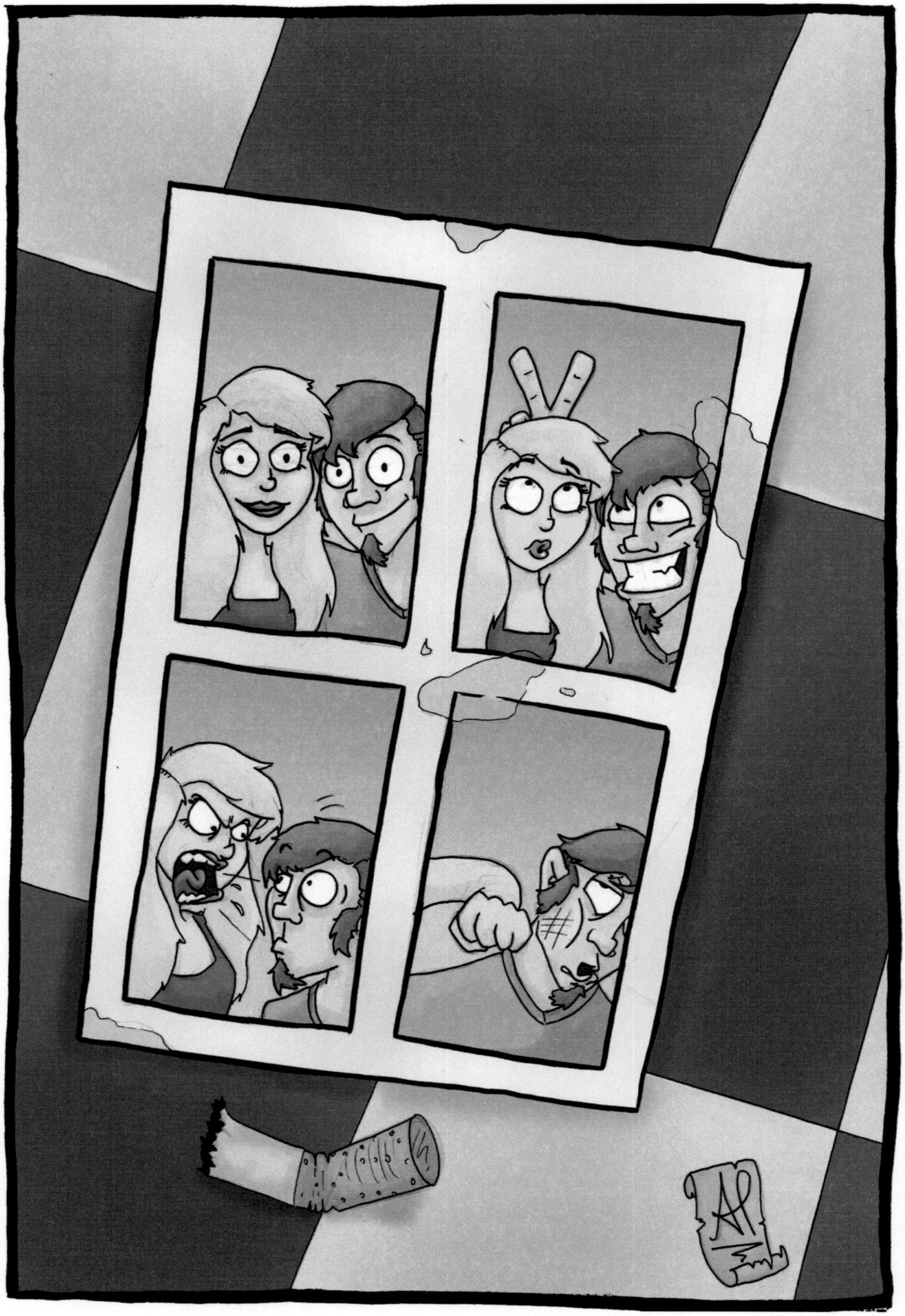

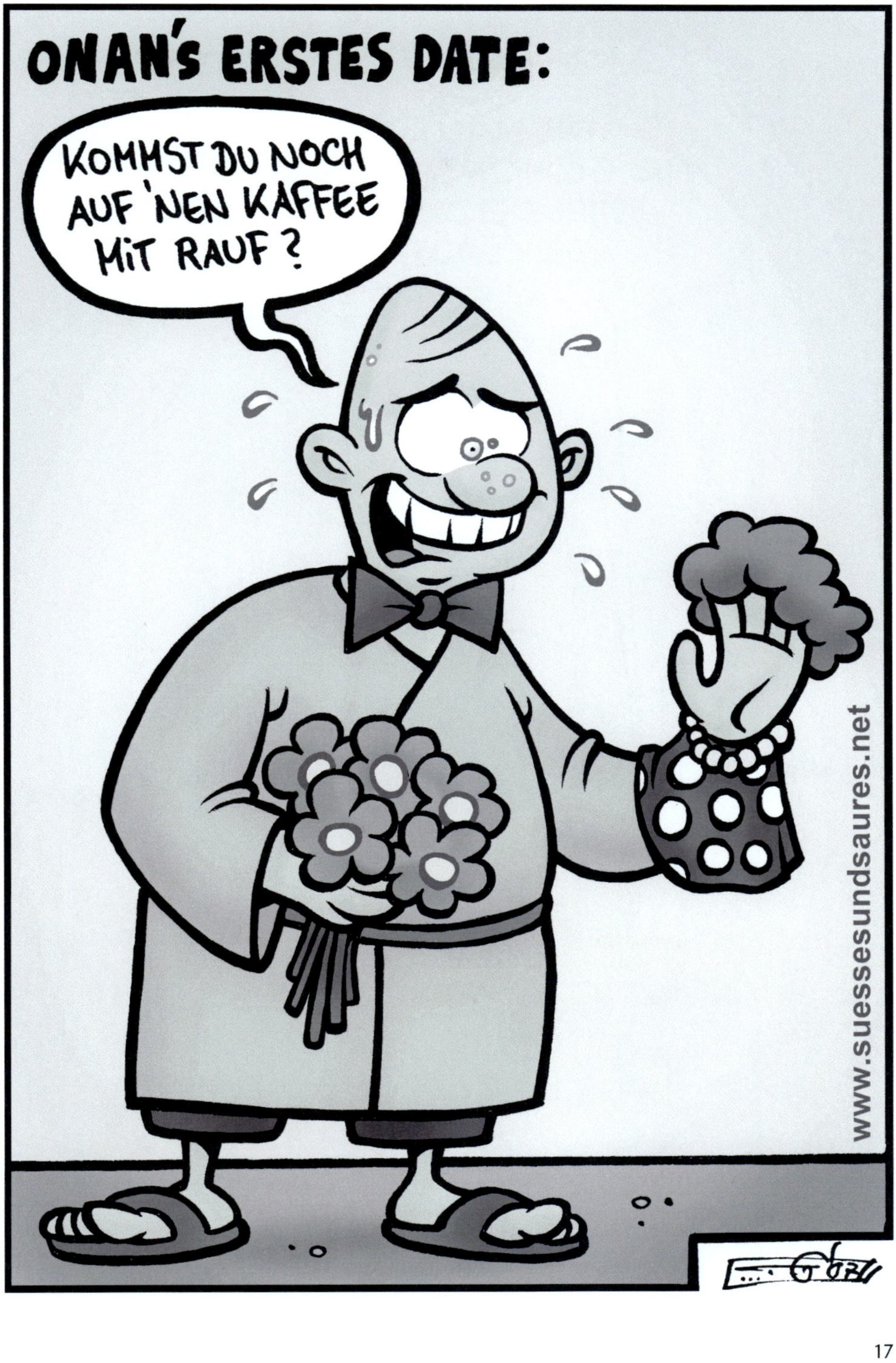
ONAN's ERSTES DATE:
KOMMST DU NOCH AUF 'NEN KAFFEE MIT RAUF?
www.suessesundsaures.net

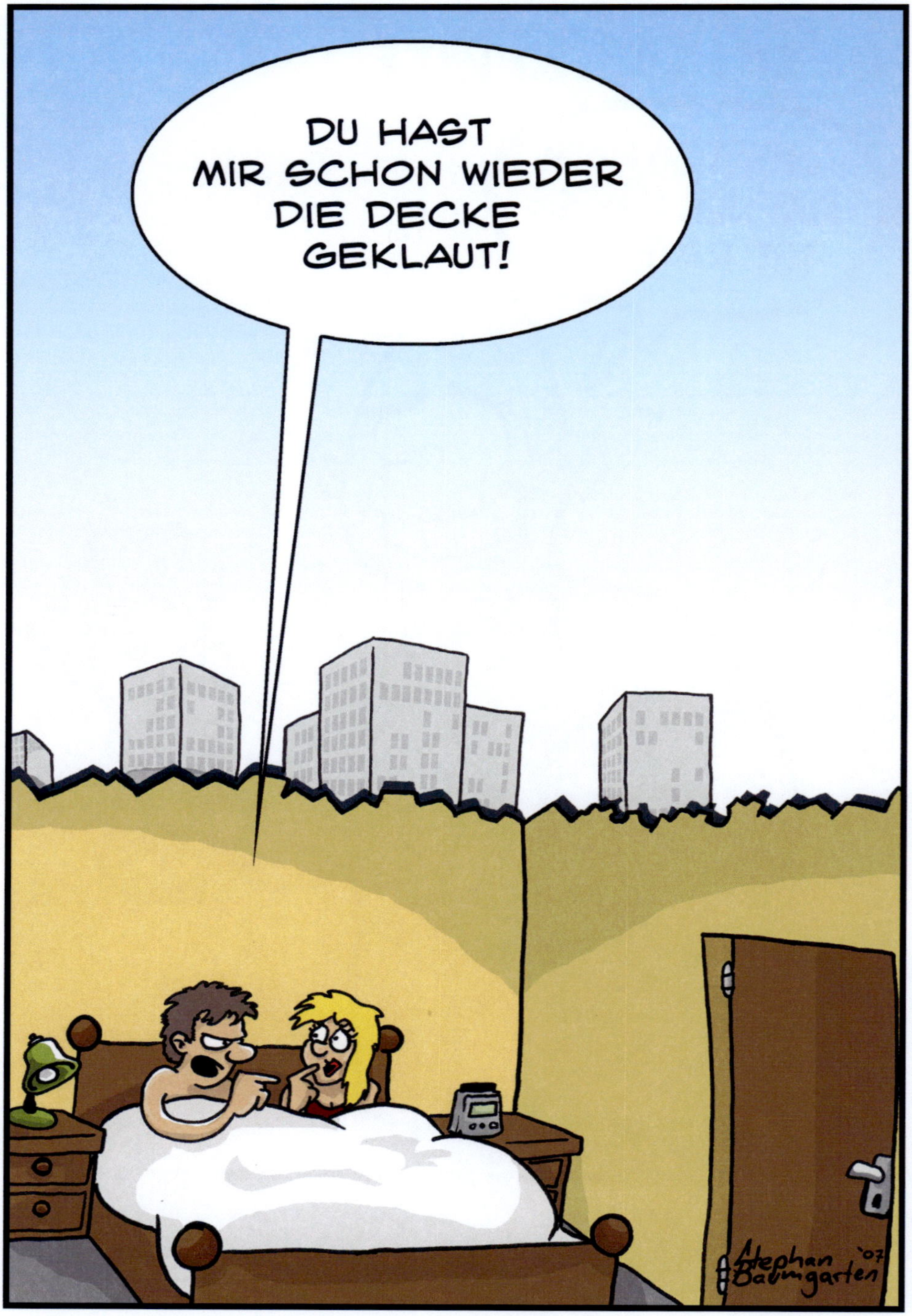
DU HAST MIR SCHON WIEDER DIE DECKE GEKLAUT!
Stephan Baumgarten '07

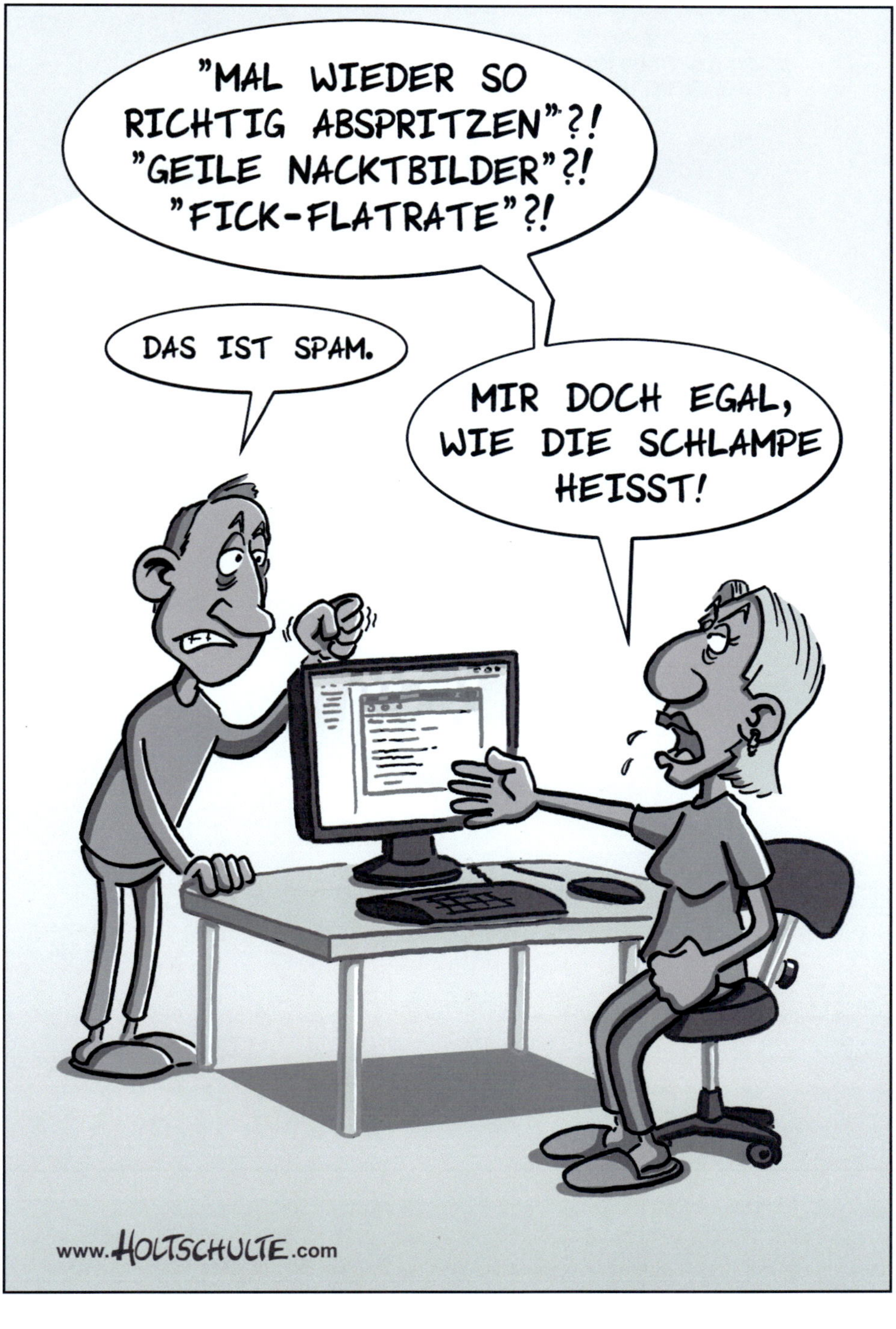
"MAL WIEDER SO RICHTIG ABSPRITZEN"?! "GEILE NACKTBILDER"?! "FICK-FLATRATE"?!
DAS IST SPAM.
MIR DOCH EGAL, WIE DIE SCHLAMPE HEISST!
www.HOLTSCHULTE.com

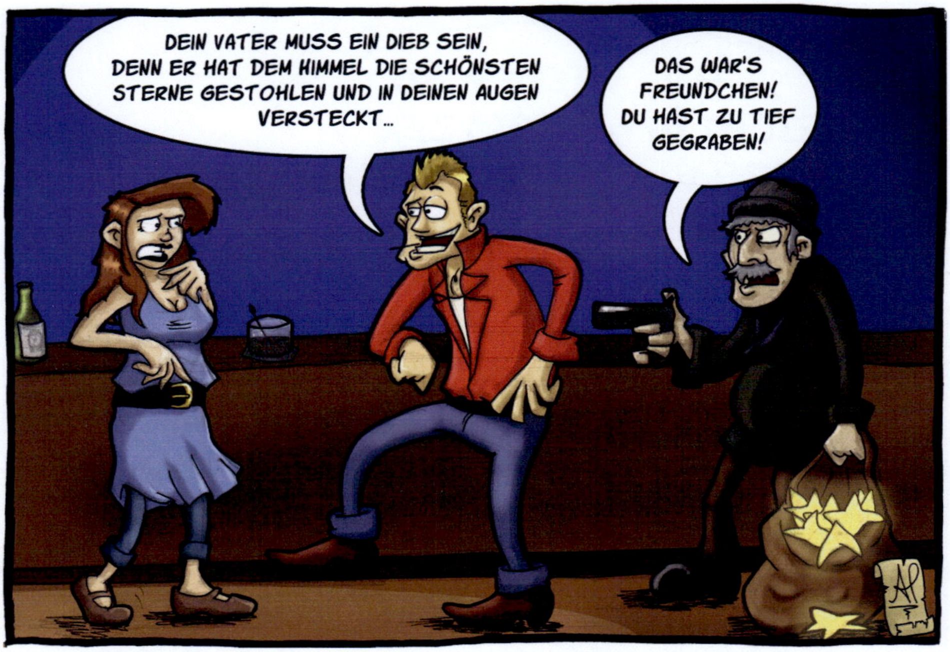
DEIN VATER MUSS EIN DIEB SEIN, DENN ER HAT DEM HIMMEL DIE SCHÖNSTEN STERNE GESTOHLEN UND IN DEINEN AUGEN VERSTECKT...
DAS WAR'S FREUNDCHEN! DU HAST ZU TIEF GEGRABEN!

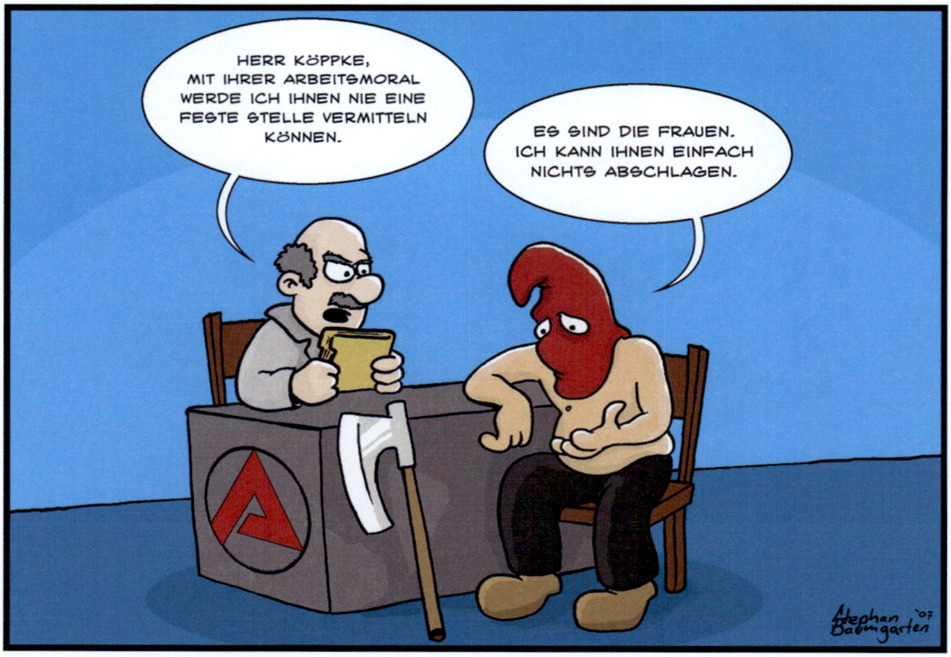
HERR KÖPPKE, MIT IHRER ARBEITSMORAL WERDE ICH IHNEN NIE EINE FESTE STELLE VERMITTELN KÖNNEN.
ES SIND DIE FRAUEN. ICH KANN IHNEN EINFACH NICHTS ABSCHLAGEN.
Stephan Baumgarten '07

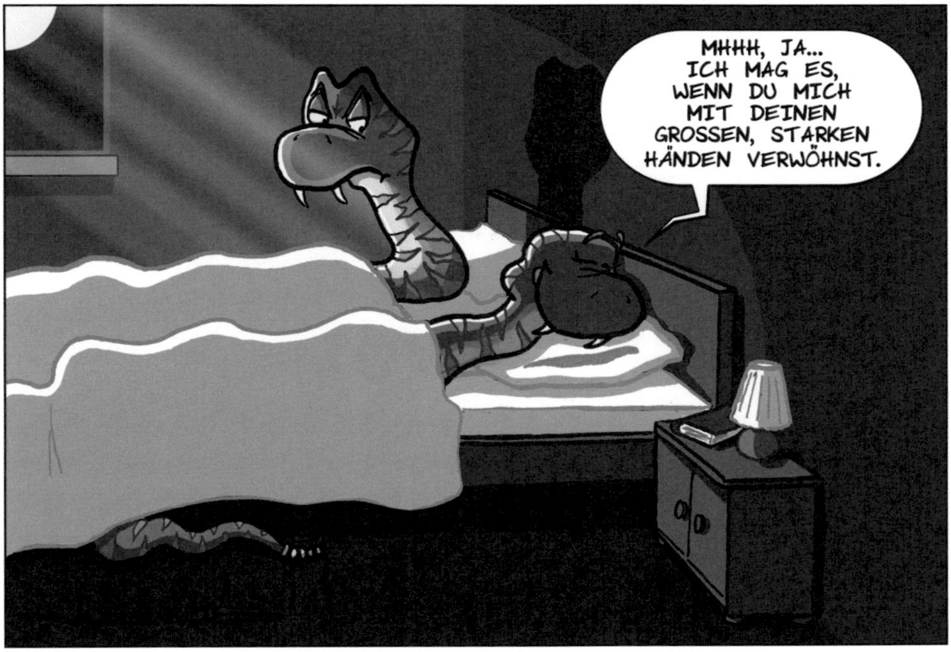
MHHH, JA... ICH MAG ES, WENN DU MICH MIT DEINEN GROSSEN, STARKEN HÄNDEN VERWÖHNST.

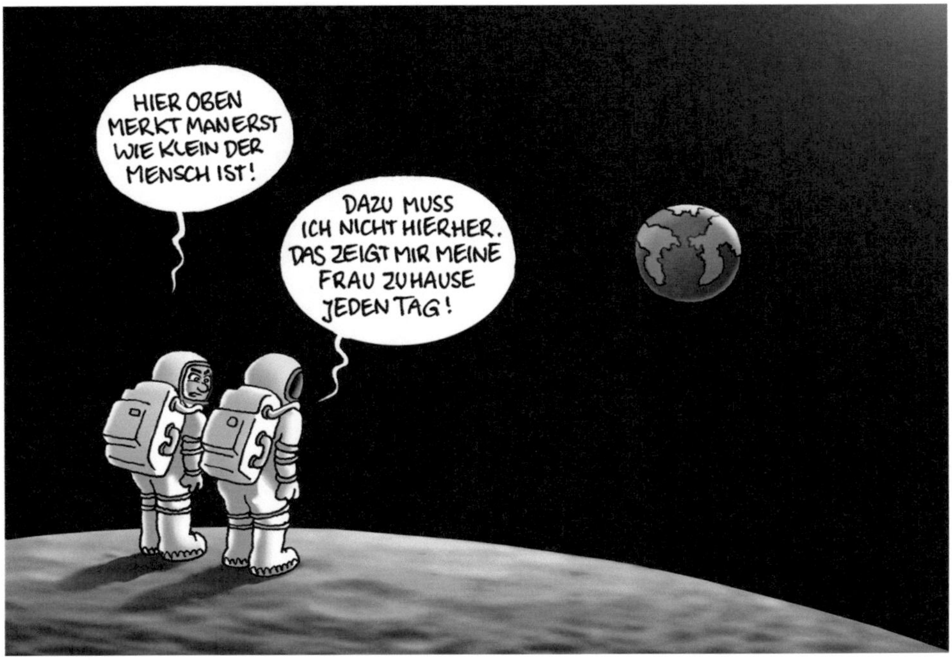
HIER OBEN MERKT MAN ERST WIE KLEIN DER MENSCH IST!
DAZU MUSS ICH NICHT HIERHER. DAS ZEIGT MIR MEINE FRAU ZUHAUSE JEDEN TAG!

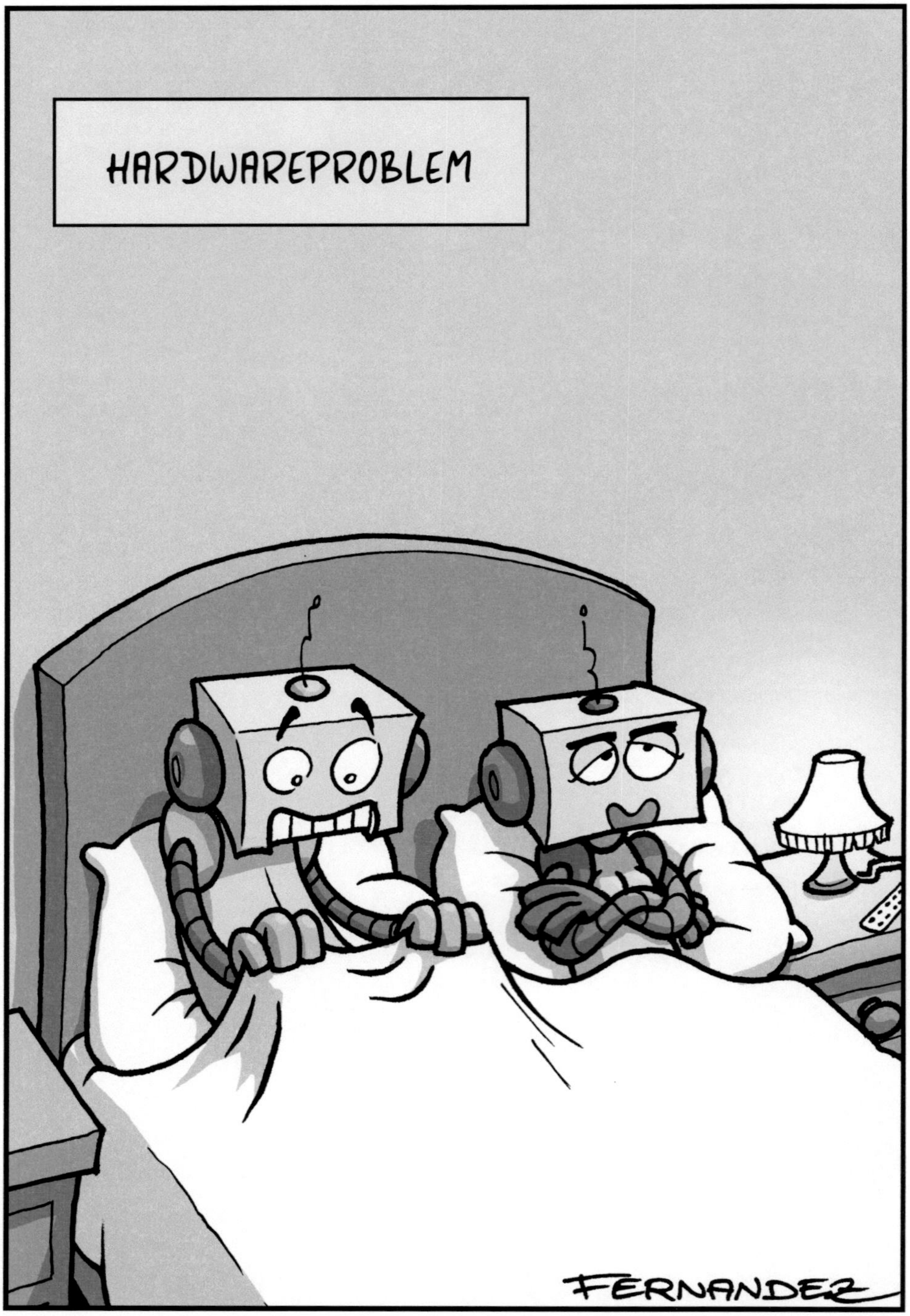
HARDWAREPROBLEM
FERNANDEZ

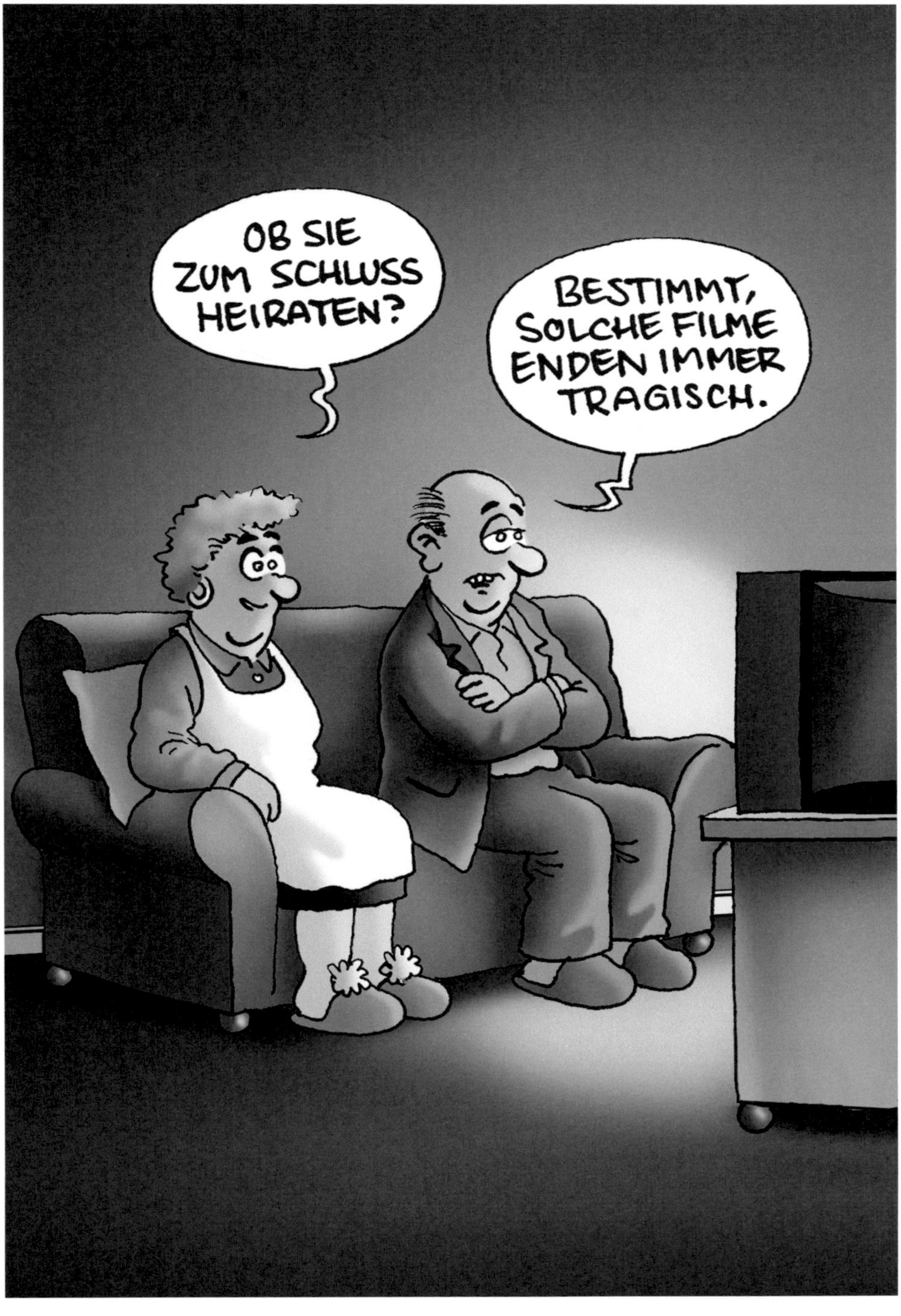
OB SIE ZUM SCHLUSS HEIRATEN?
BESTIMMT, SOLCHE FILME ENDEN IMMER TRAGISCH.

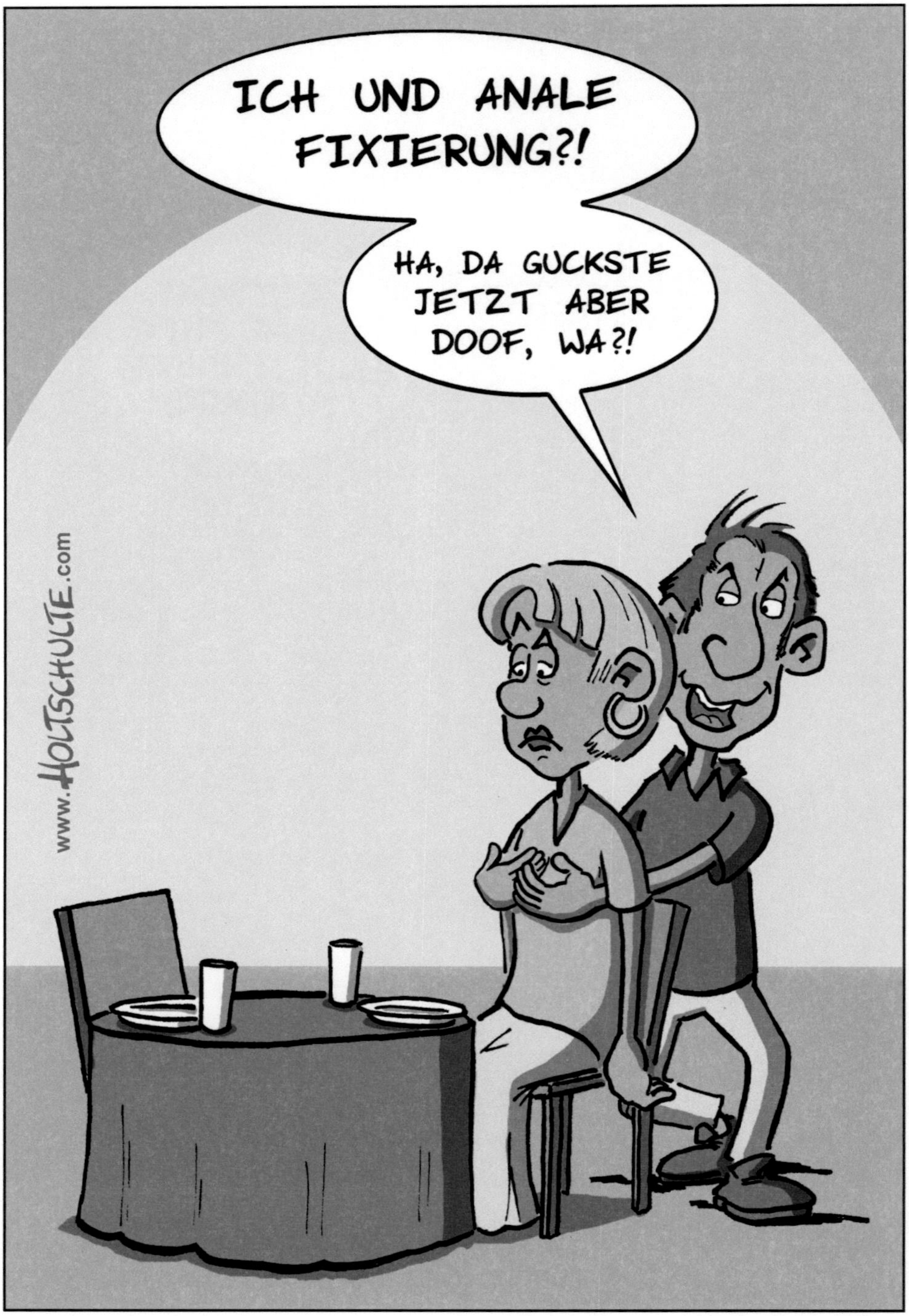
ICH UND ANALE FIXIERUNG?!
HA, DA GUCKSTE JETZT ABER DOOF, WA?!
www.HOLTSCHULTE.com

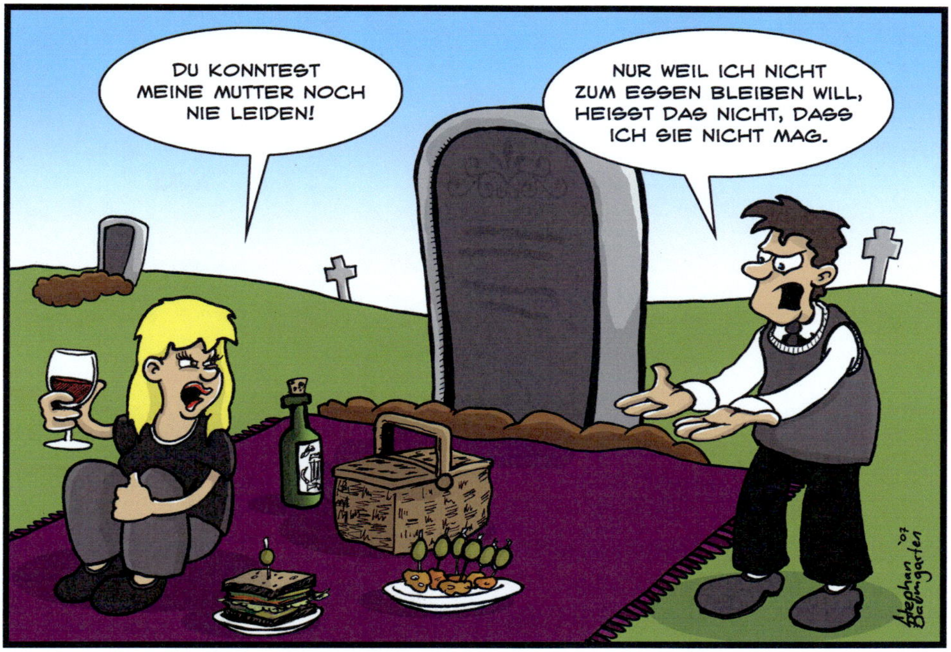
DU KONNTEST MEINE MUTTER NOCH NIE LEIDEN!
NUR WEIL ICH NICHT ZUM ESSEN BLEIBEN WILL, HEISST DAS NICHT, DASS ICH SIE NICHT MAG.
Stephan Baumgarten '07

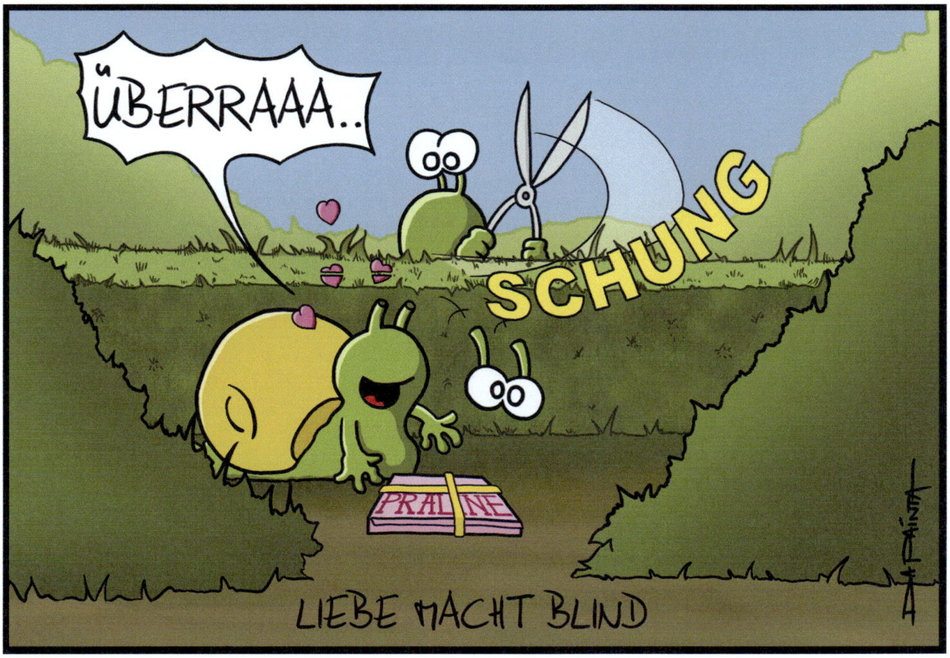
ÜBERRAAA..
SCHUNG
PRALINE
LIEBE MACHT BLIND

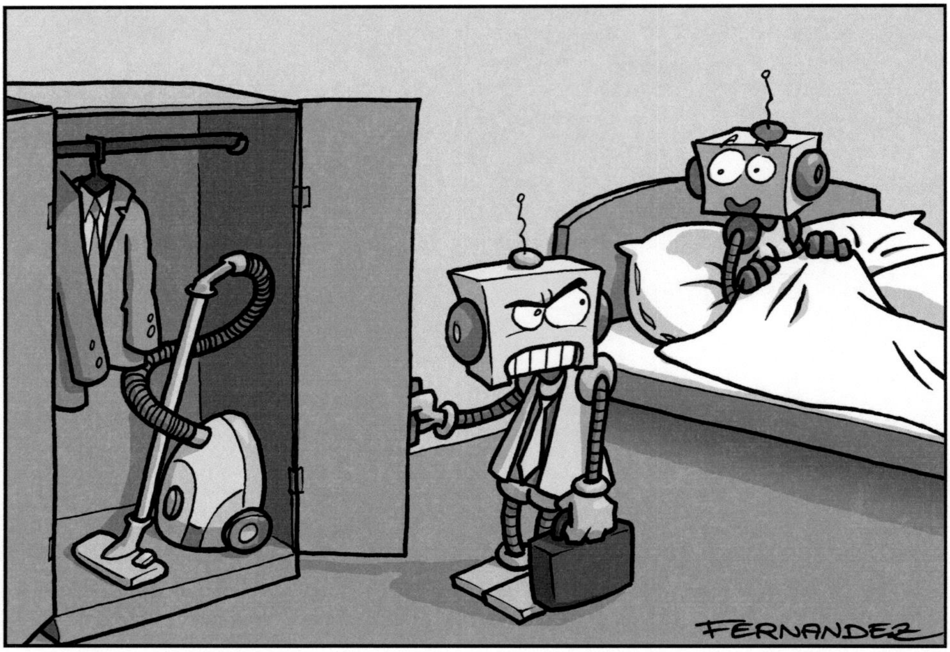
FERNANDEZ

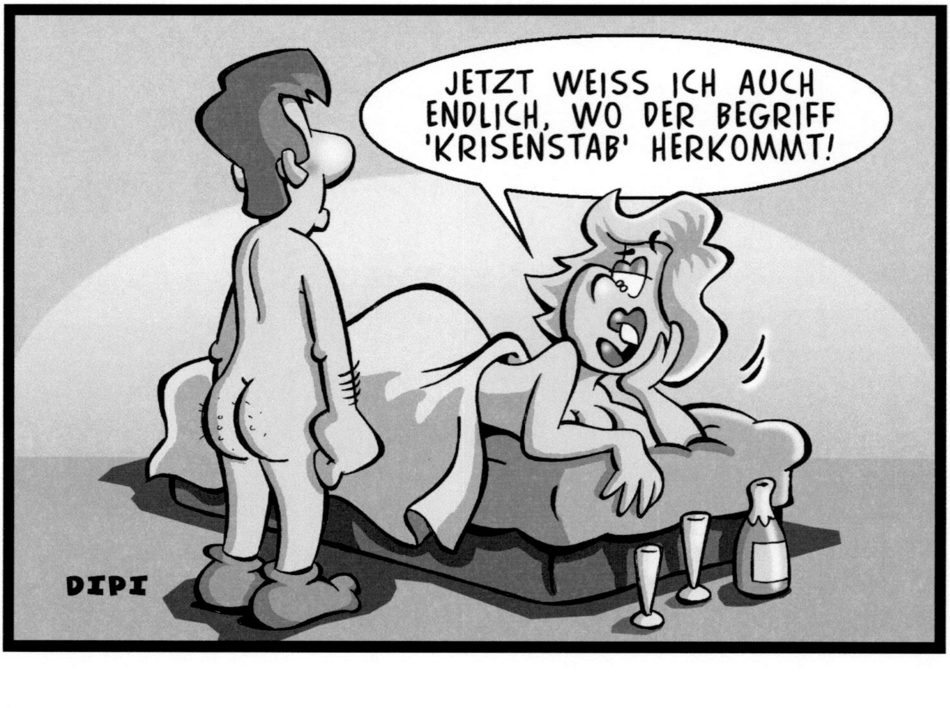
JETZT WEISS ICH AUCH ENDLICH, WO DER BEGRIFF 'KRISENSTAB' HERKOMMT!
DIPI

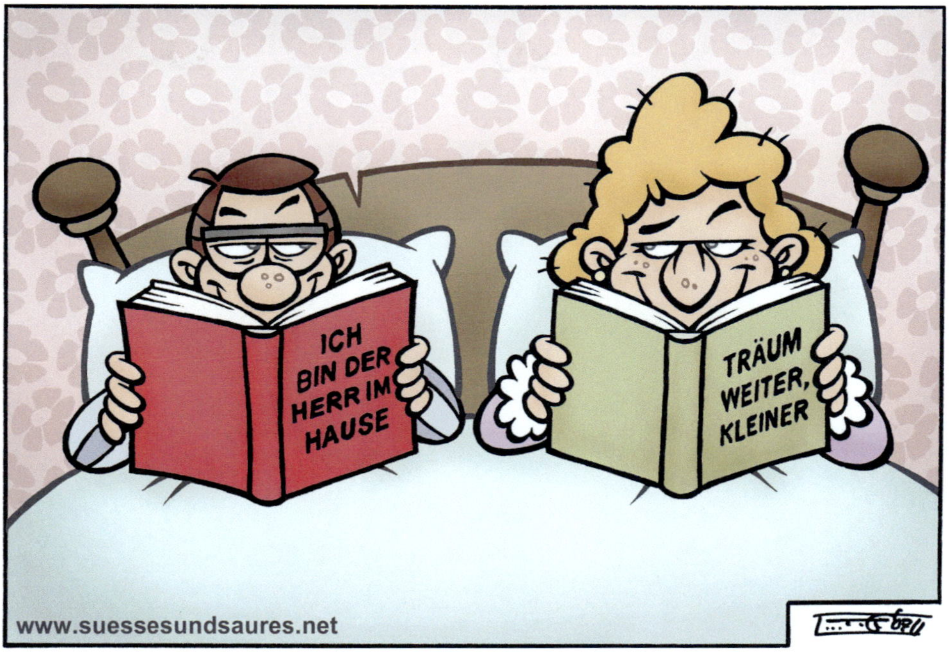
ICH BIN DER HERR IM HAUSE
TRÄUM WEITER, KLEINER
www.suessesundsaures.net

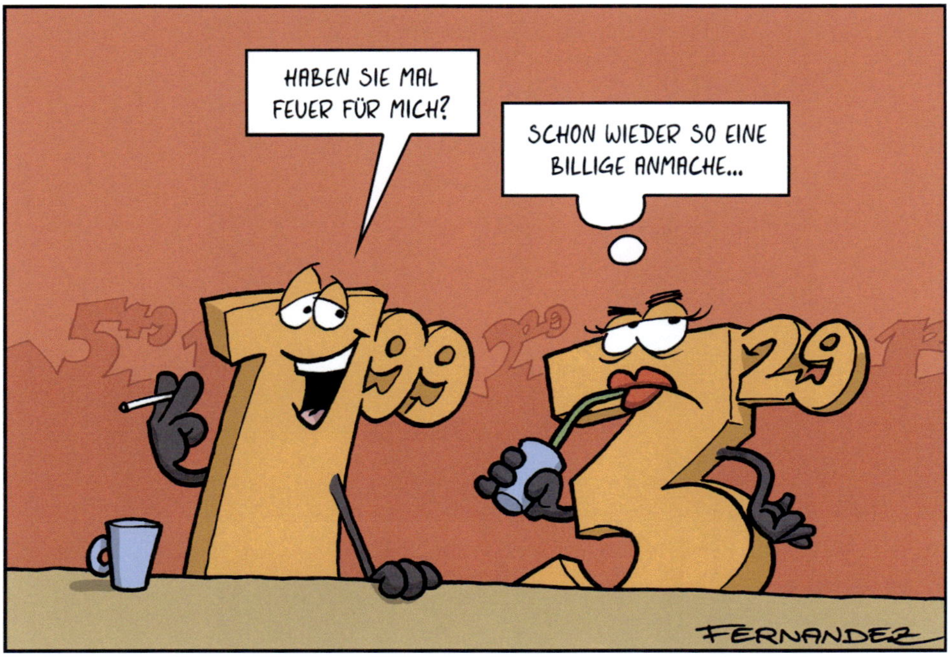
HABEN SIE MAL FEUER FÜR MICH?
SCHON WIEDER SO EINE BILLIGE ANMACHE...
1 99
3 29
FERNANDEZ

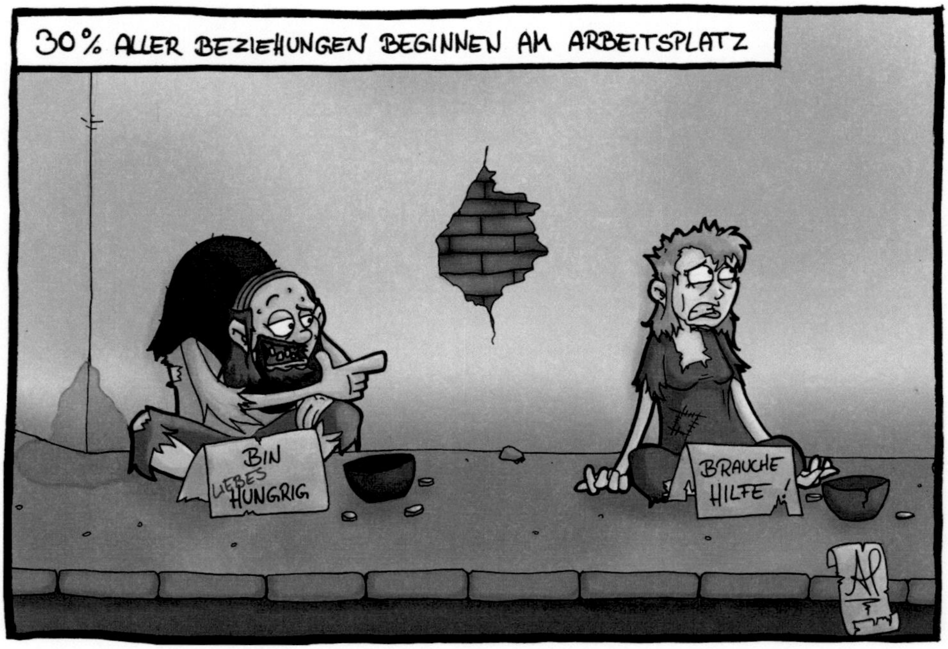
30% ALLER BEZIEHUNGEN BEGINNEN AM ARBEITSPLATZ
BIN LIEBES HUNGRIG
BRAUCHE HILFE!

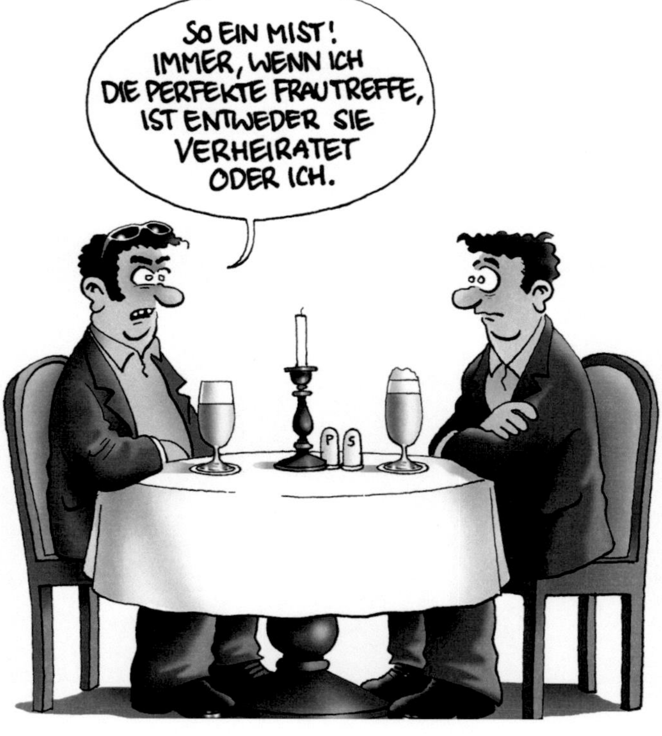
SO EIN MIST! IMMER, WENN ICH DIE PERFEKTE FRAU TREFFE, IST ENTWEDER SIE VERHEIRATET ODER ICH.

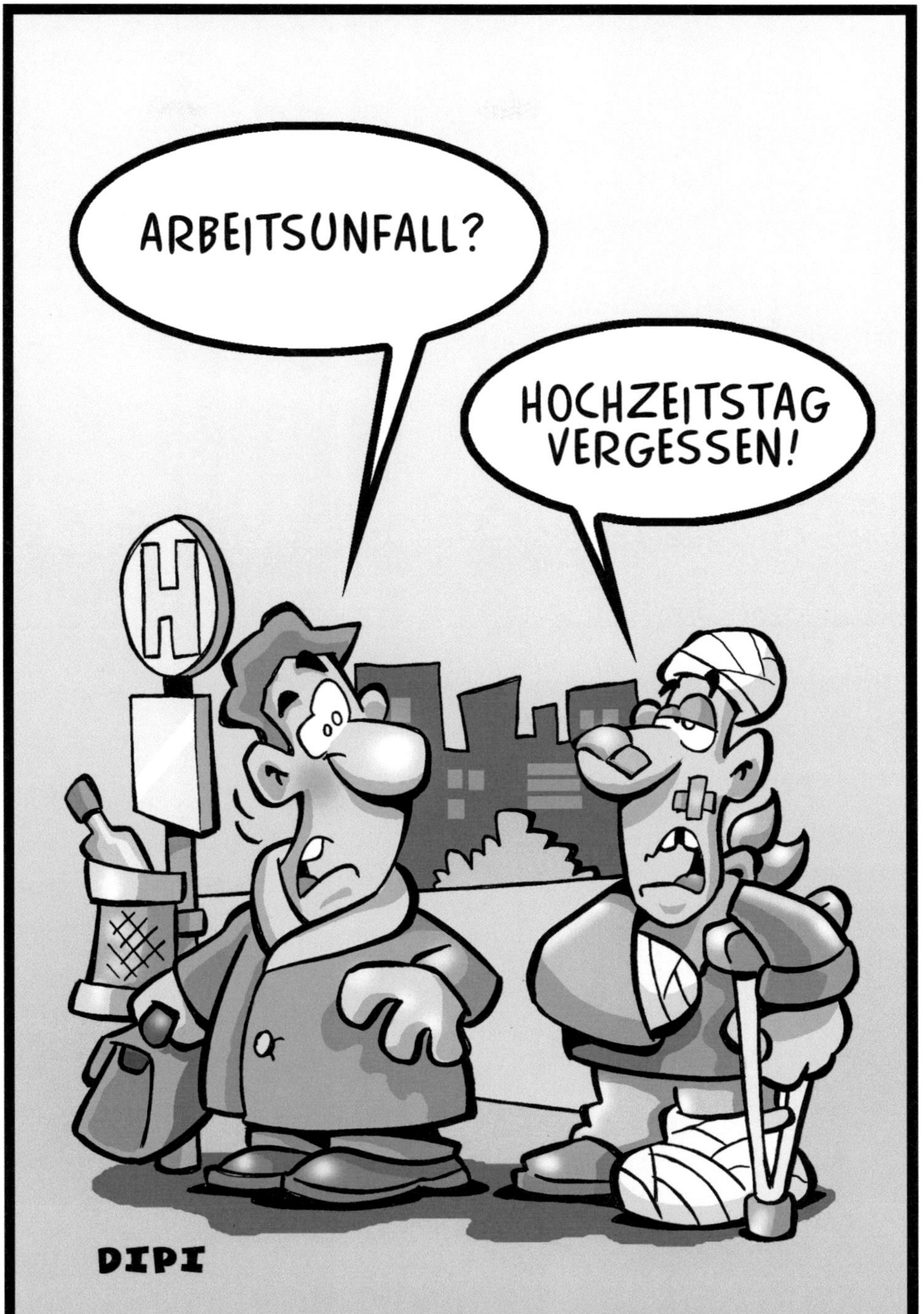
ARBEITSUNFALL?
HOCHZEITSTAG VERGESSEN!
H
DIPI

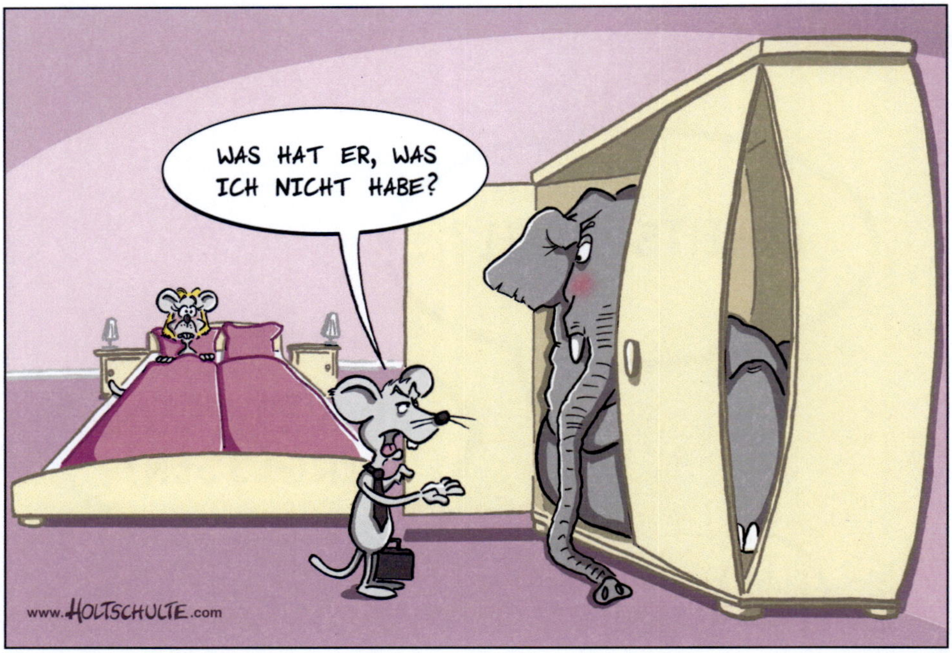
WAS HAT ER, WAS ICH NICHT HABE?
www.HOLTSCHULTE.com

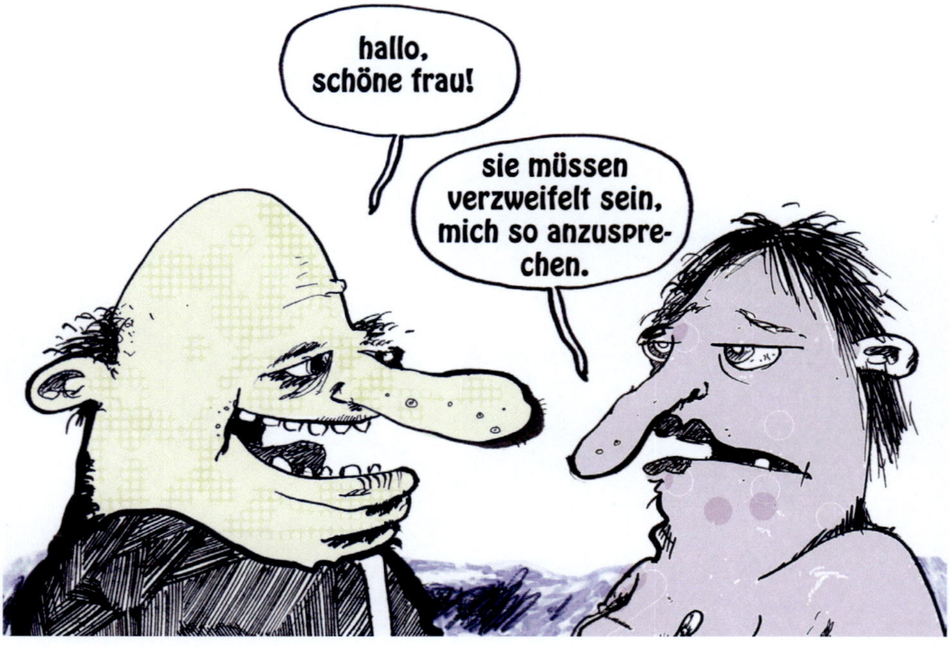
hallo,
schöne frau!
sie müssen verzweifelt sein, mich so anzusprechen.

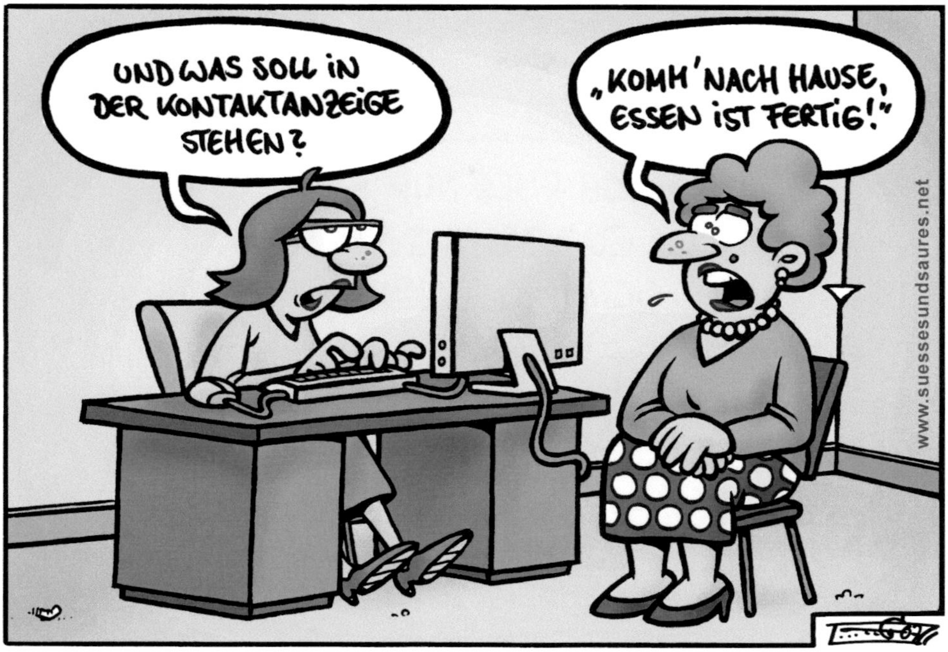
UND WAS SOLL IN DER KONTAKTANZEIGE STEHEN?
„KOMM' NACH HAUSE, ESSEN IST FERTIG!"
www.suessesundsaures.net

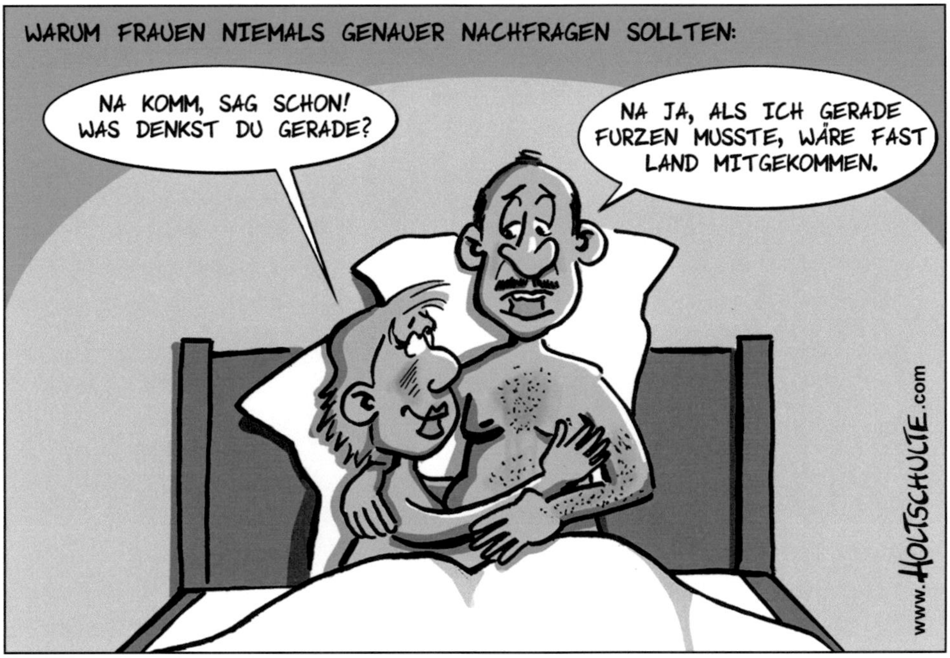
WARUM FRAUEN NIEMALS GENAUER NACHFRAGEN SOLLTEN:
NA KOMM, SAG SCHON! WAS DENKST DU GERADE?
NA JA, ALS ICH GERADE FURZEN MUSSTE, WÄRE FAST LAND MITGEKOMMEN.
www.HOLTSCHULTE.com

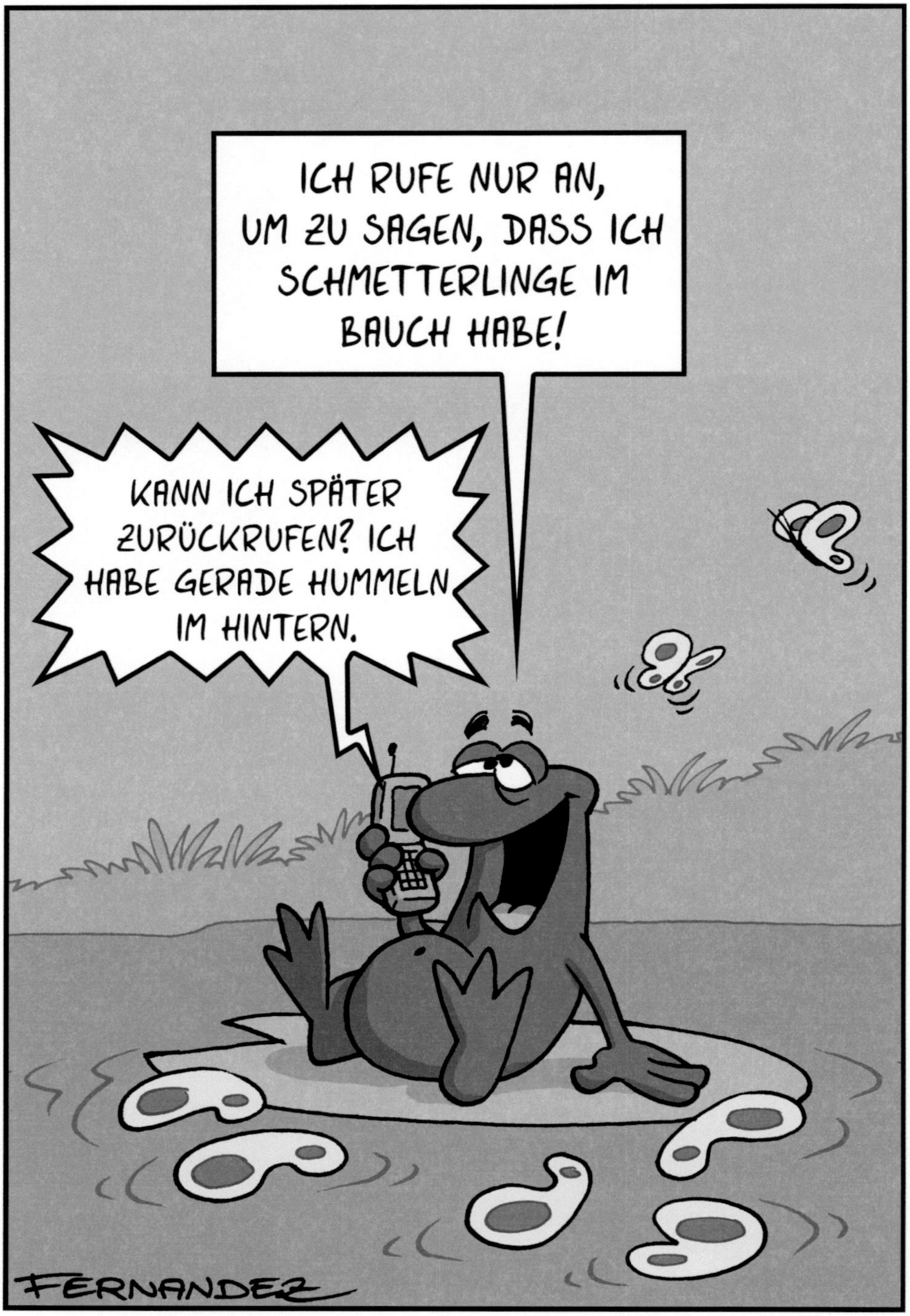
ICH RUFE NUR AN, UM ZU SAGEN, DASS ICH SCHMETTERLINGE IM BAUCH HABE!
KANN ICH SPÄTER ZURÜCKRUFEN? ICH HABE GERADE HUMMELN IM HINTERN.
FERNANDEZ

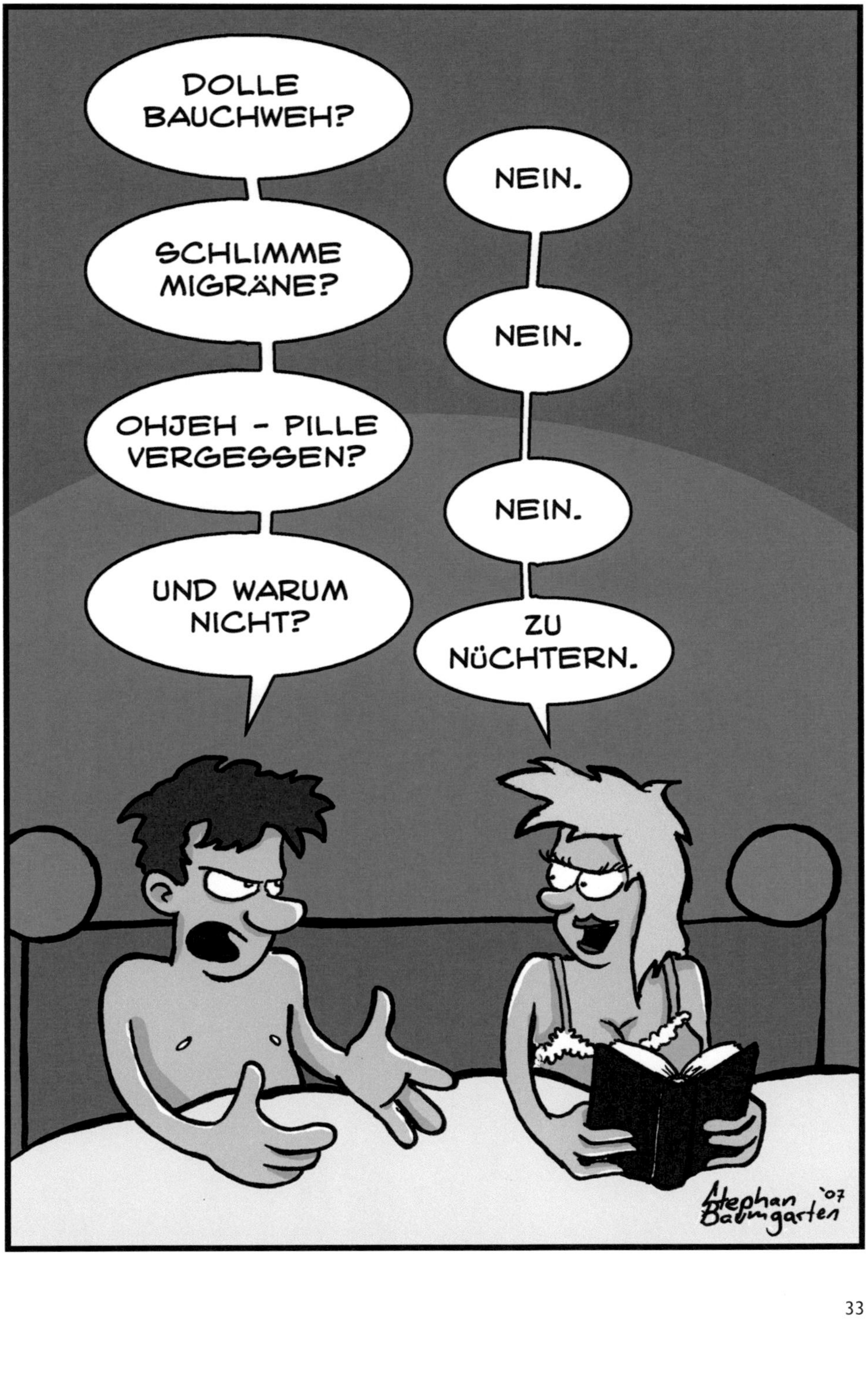
DOLLE BAUCHWEH?
NEIN.
SCHLIMME MIGRÄNE?
NEIN.
OHJEH - PILLE VERGESSEN?
NEIN.
UND WARUM NICHT?
ZU NÜCHTERN.
Stephan Baumgarten '07

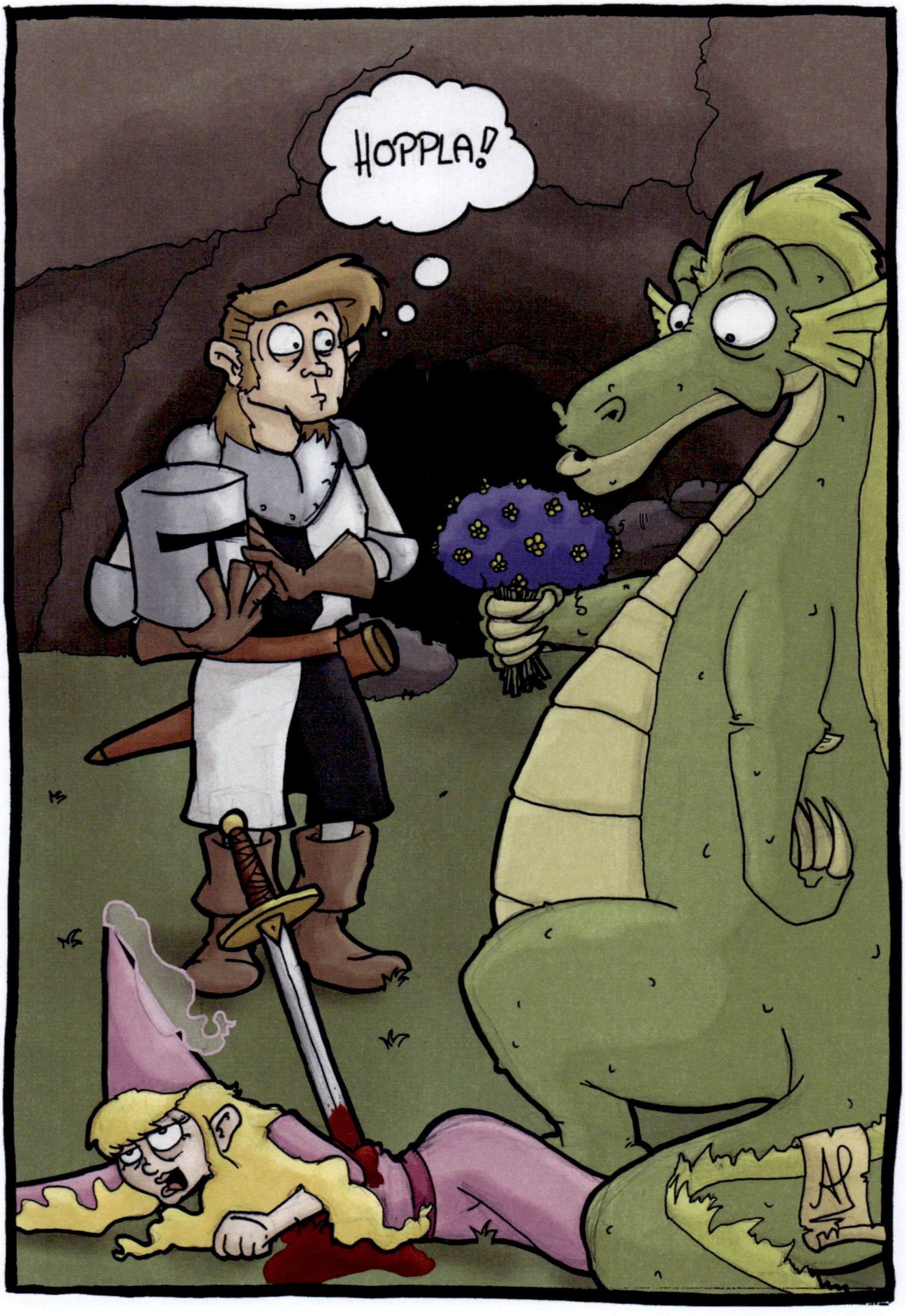
HOPPLA!

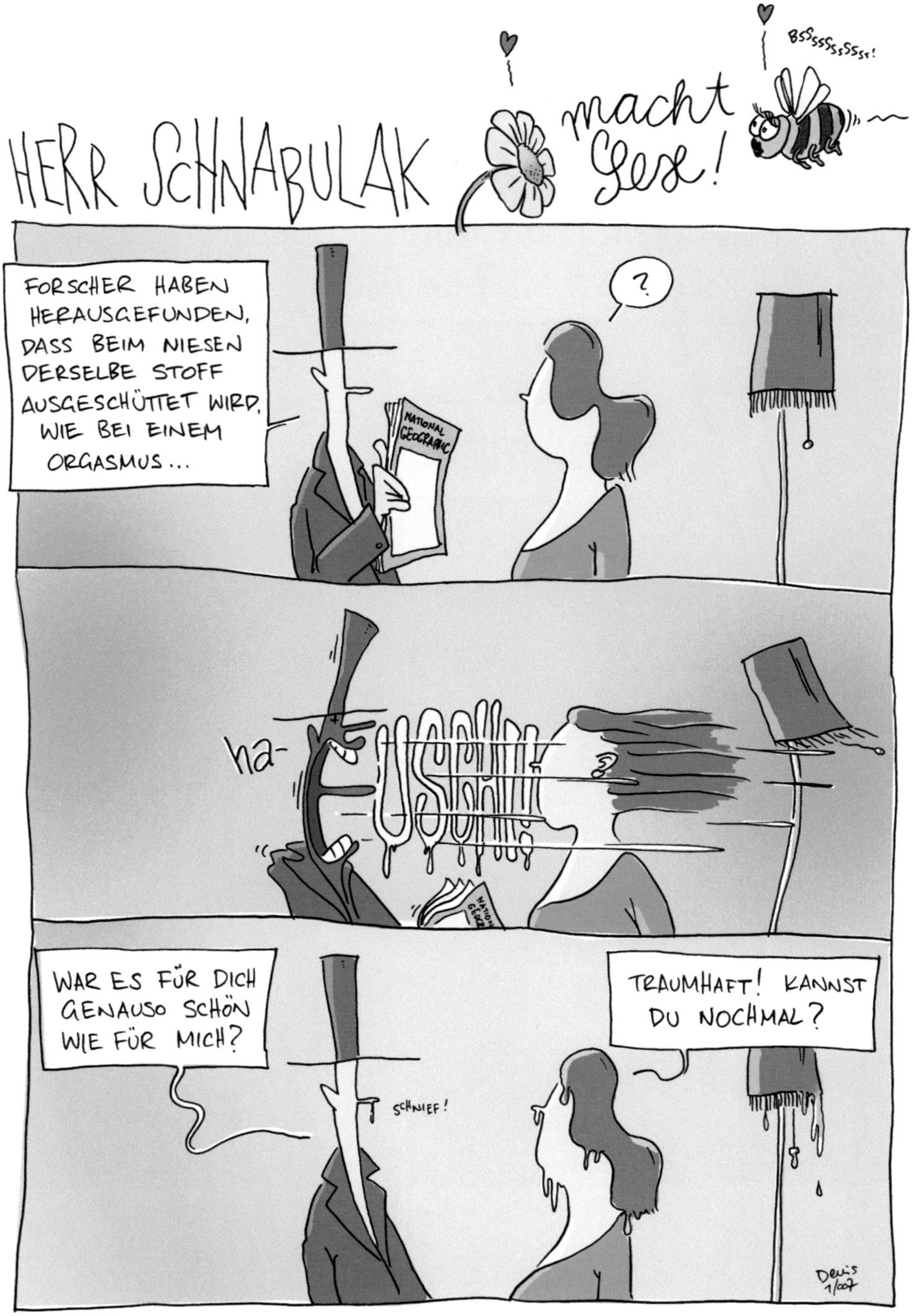

HERR SCHNABULAK macht Sex!
BSSSSSSSSSSSST!
FORSCHER HABEN HERAUSGEFUNDEN, DASS BEIM NIESEN DERSELBE STOFF AUSGESCHÜTTET WIRD, WIE BEI EINEM ORGASMUS...
NATIONAL GEOGRAPHIC
?
ha-
WAR ES FÜR DICH GENAUSO SCHÖN WIE FÜR MICH?
TRAUMHAFT! KANNST DU NOCHMAL?
SCHNIEF!

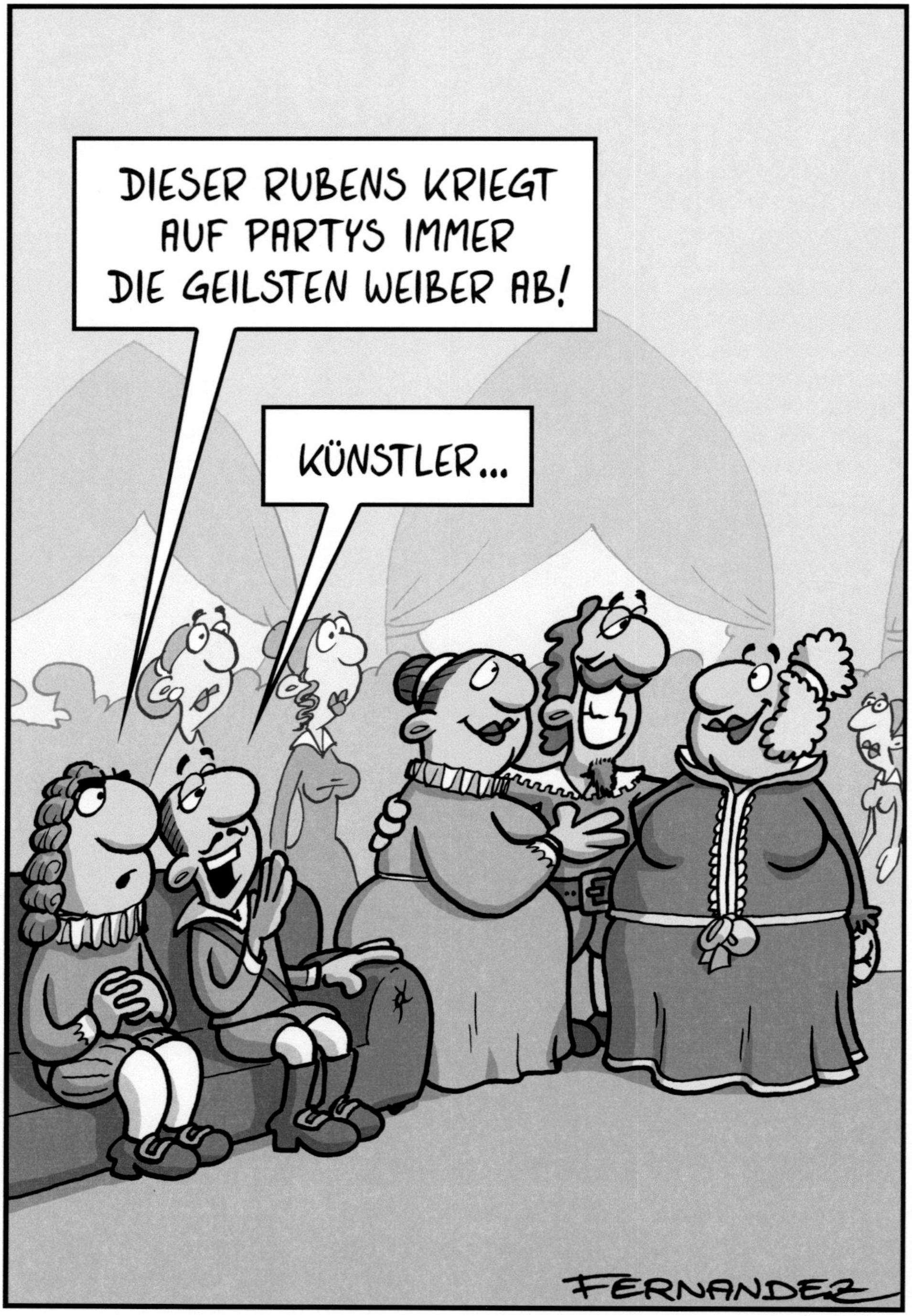
DIESER RUBENS KRIEGT AUF PARTYS IMMER DIE GEILSTEN WEIBER AB!
KÜNSTLER...
FERNANDEZ

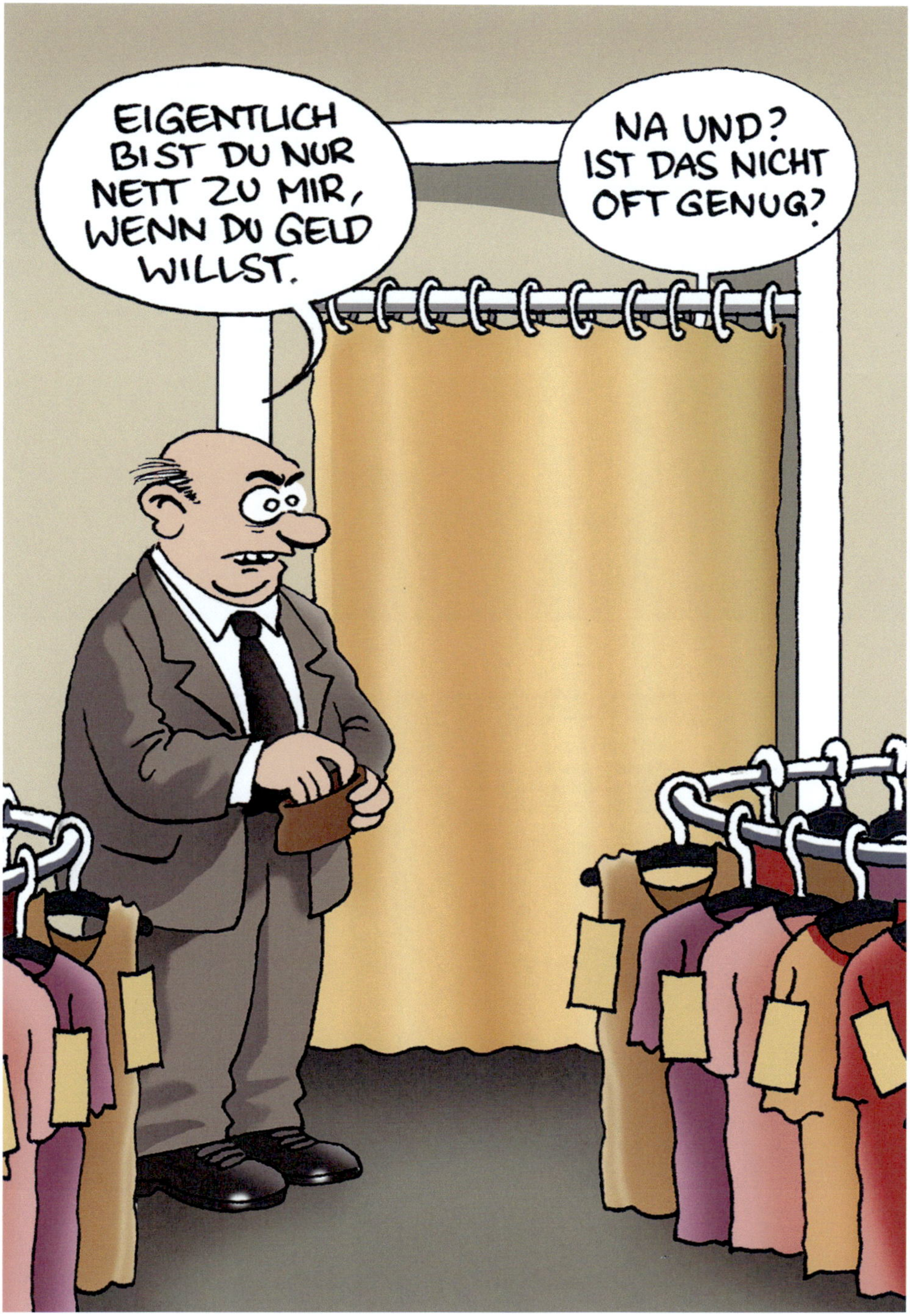
EIGENTLICH BIST DU NUR NETT ZU MIR, WENN DU GELD WILLST.
NA UND? IST DAS NICHT OFT GENUG?

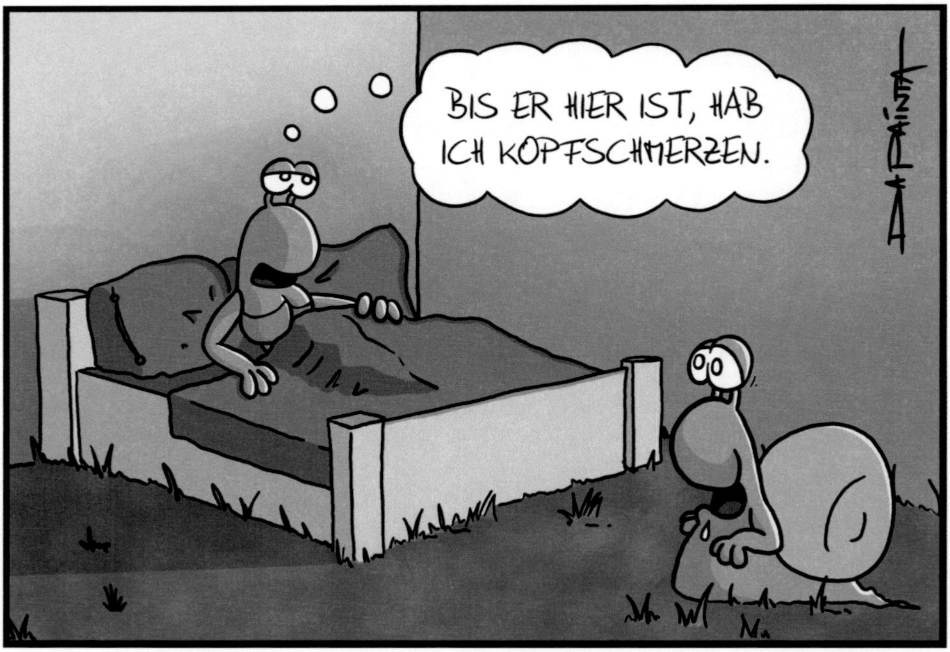
BIS ER HIER IST, HAB ICH KOPFSCHMERZEN.

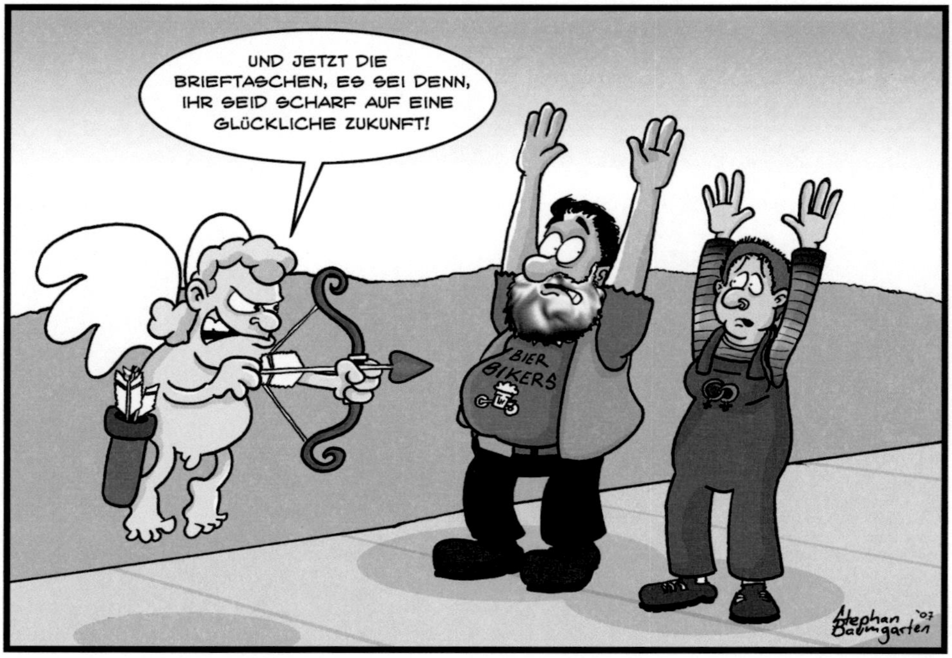
UND JETZT DIE BRIEFTASCHEN, ES SEI DENN, IHR SEID SCHARF AUF EINE GLÜCKLICHE ZUKUNFT!
BIER BIKERS
Stephan Baumgarten '07

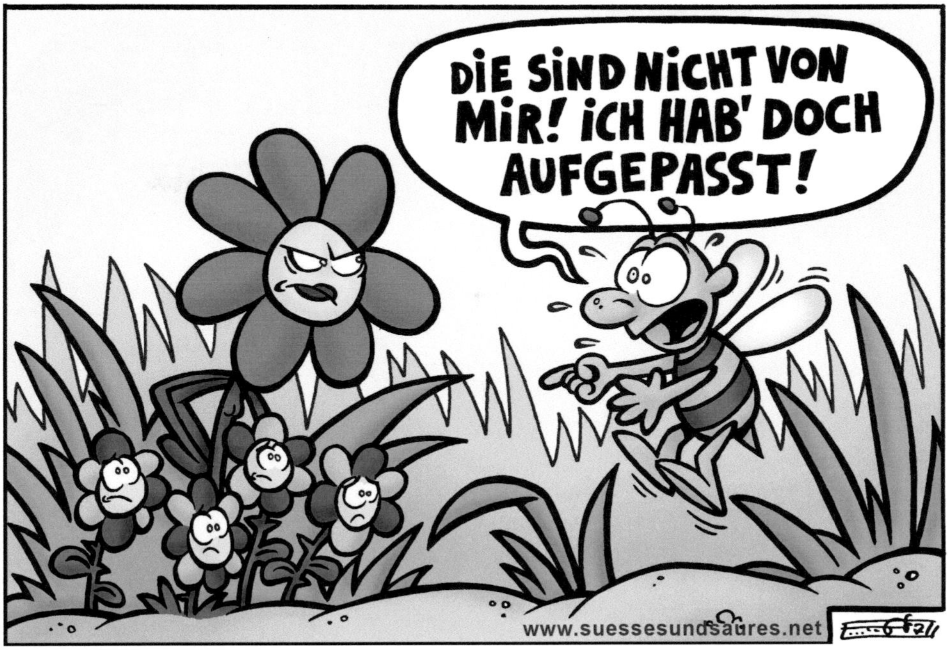
DIE SIND NICHT VON MIR! ICH HAB' DOCH AUFGEPASST!
www.suessesundsaures.net

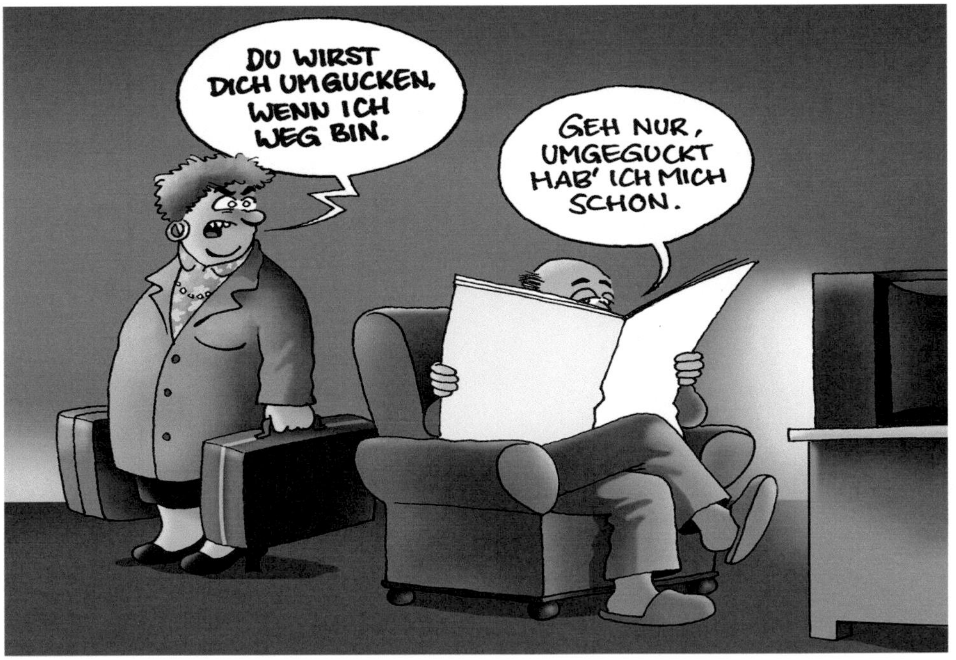
DU WIRST DICH UMGUCKEN, WENN ICH WEG BIN.
GEH NUR, UMGEGUCKT HAB' ICH MICH SCHON.

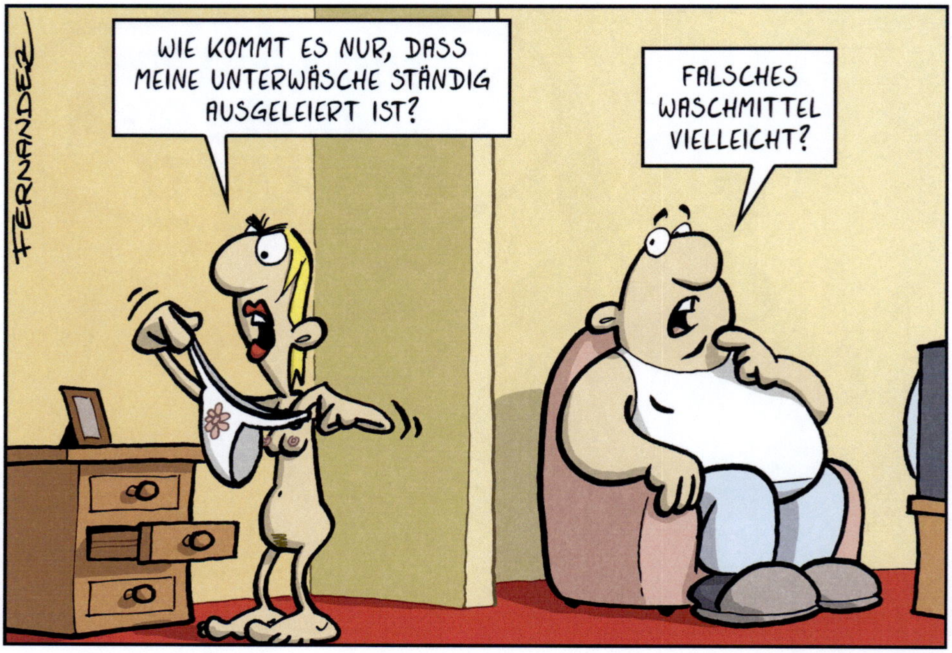
FERNANDEZ
WIE KOMMT ES NUR, DASS MEINE UNTERWÄSCHE STÄNDIG AUSGELEIERT IST?
FALSCHES WASCHMITTEL VIELLEICHT?

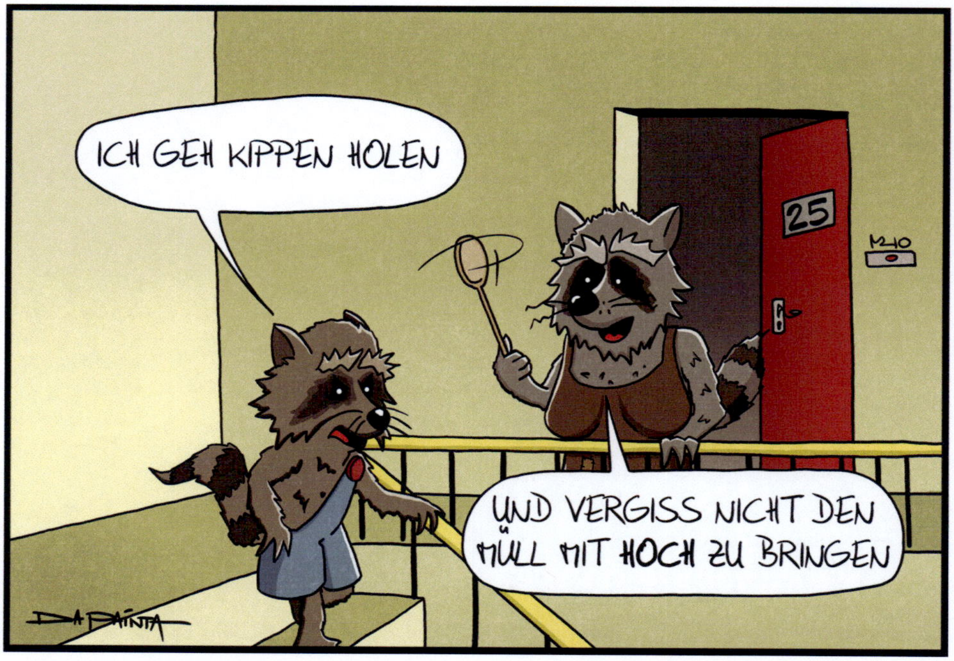
ICH GEH KIPPEN HOLEN
25
UND VERGISS NICHT DEN MÜLL MIT HOCH ZU BRINGEN
DA PAINTA

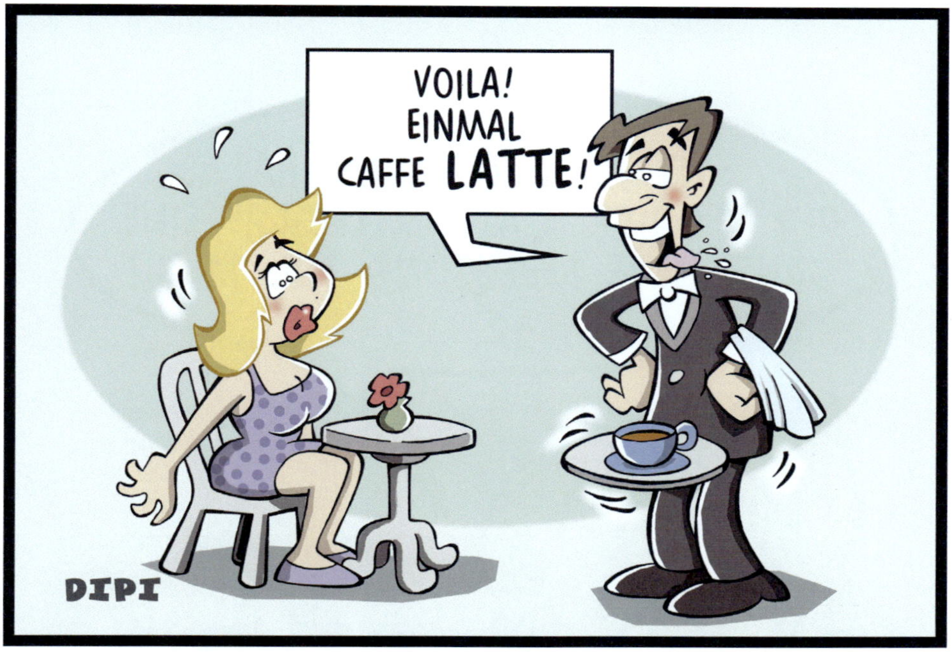
VOILA!
EINMAL
CAFFE LATTE!
DIPI

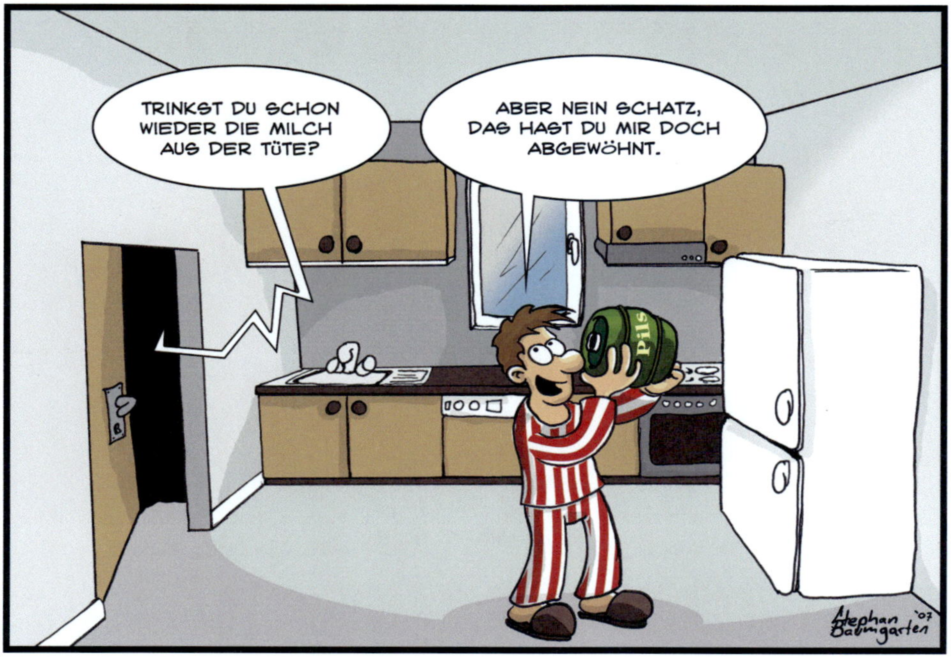
TRINKST DU SCHON WIEDER DIE MILCH AUS DER TÜTE?
ABER NEIN SCHATZ, DAS HAST DU MIR DOCH ABGEWÖHNT.
Pils
Stephan Baumgarten '07

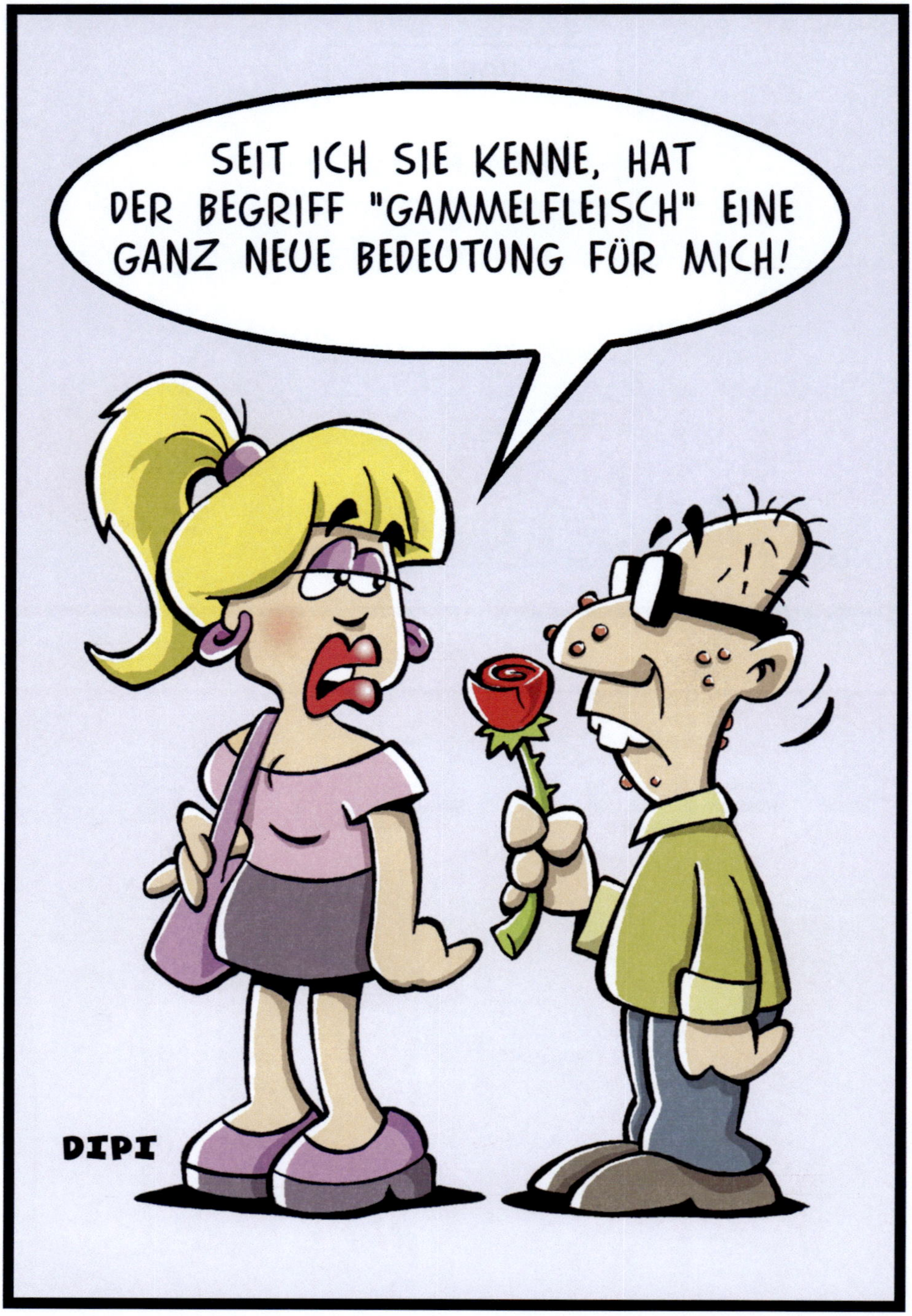
SEIT ICH SIE KENNE, HAT DER BEGRIFF "GAMMELFLEISCH" EINE GANZ NEUE BEDEUTUNG FÜR MICH!
DIPI

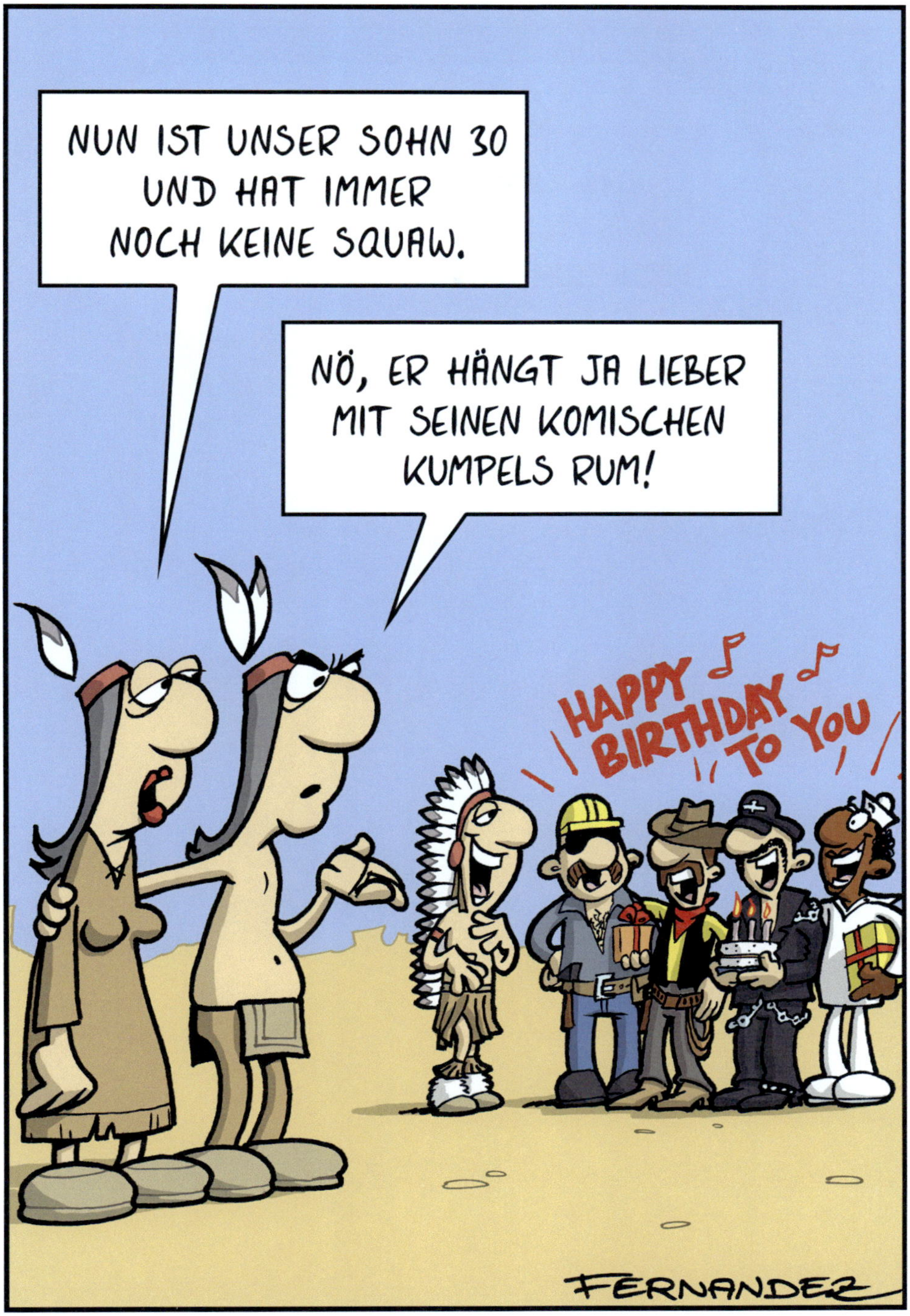
NUN IST UNSER SOHN 30 UND HAT IMMER NOCH KEINE SQUAW.
NÖ, ER HÄNGT JA LIEBER MIT SEINEN KOMISCHEN KUMPELS RUM!
HAPPY BIRTHDAY TO YOU
FERNANDEZ

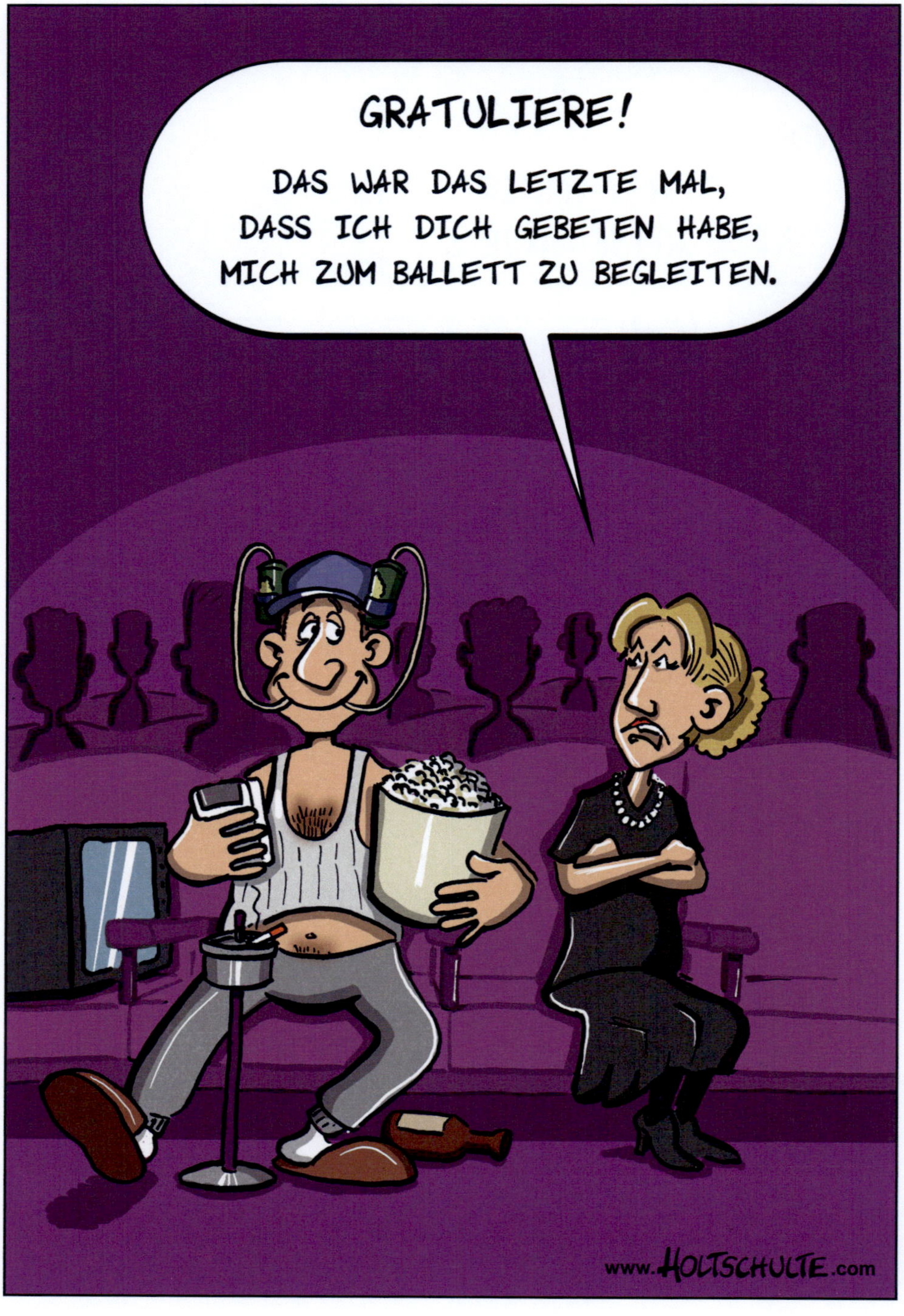
GRATULIERE!
DAS WAR DAS LETZTE MAL, DASS ICH DICH GEBETEN HABE, MICH ZUM BALLETT ZU BEGLEITEN.
www.HOLTSCHULTE.com

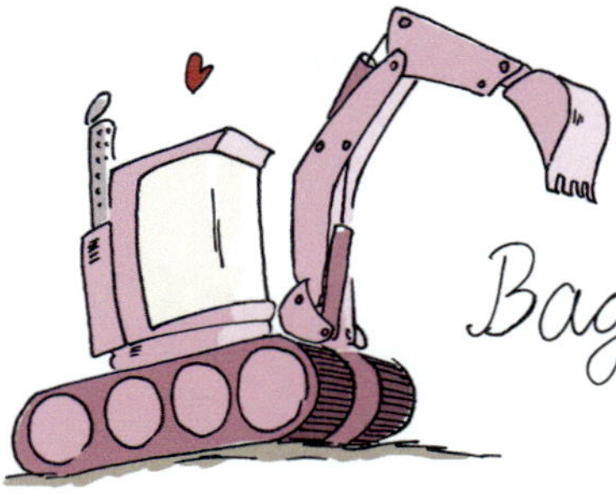

Wenn Baggerfahrer baggern

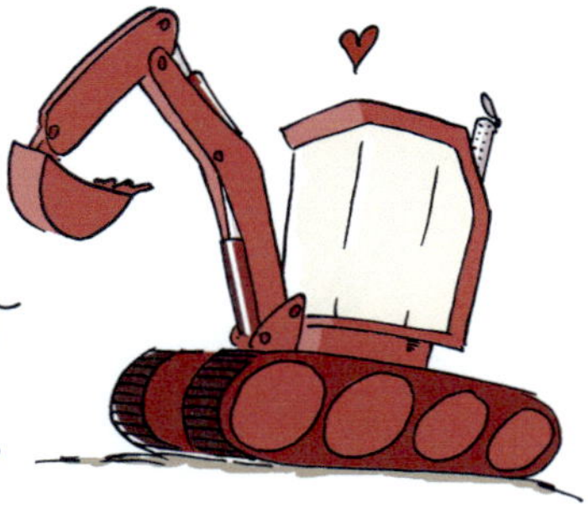

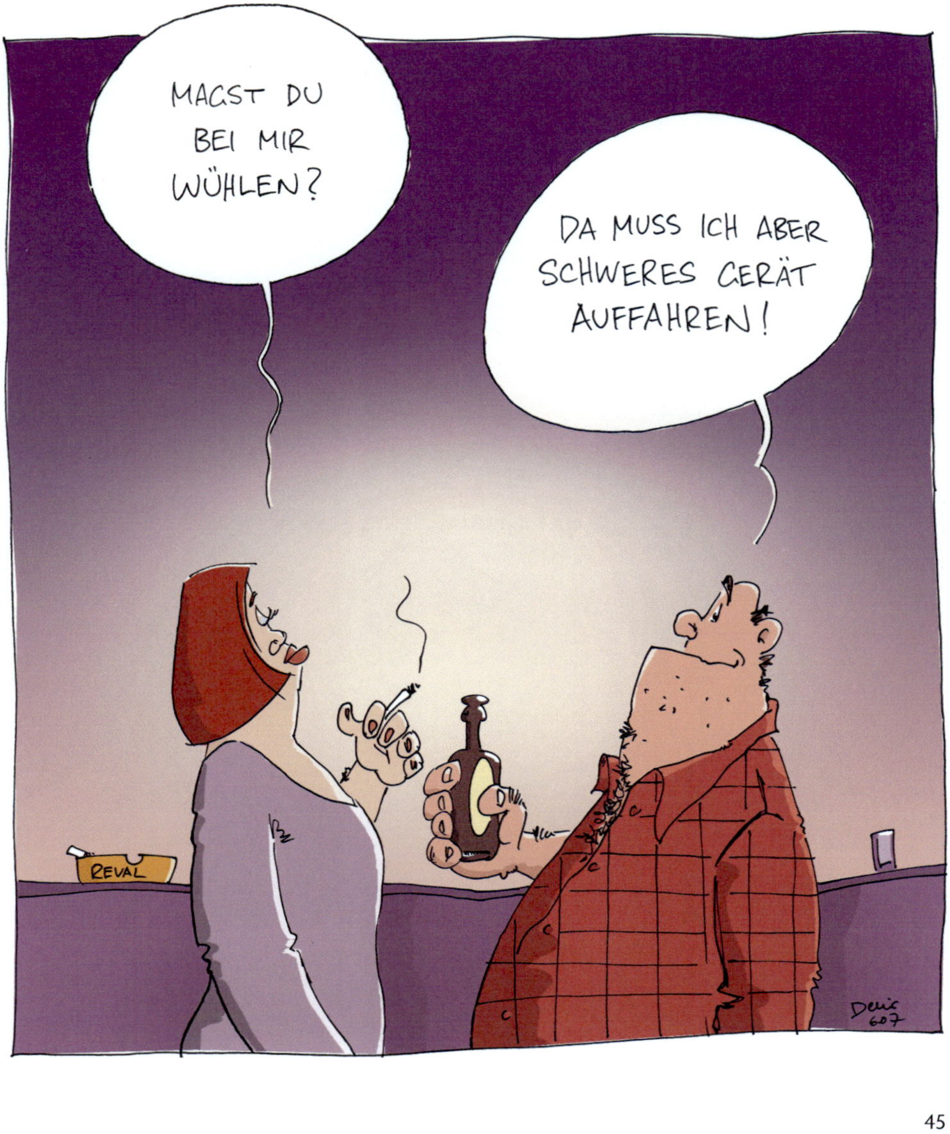

MAGST DU BEI MIR WÜHLEN?
DA MUSS ICH ABER SCHWERES GERÄT AUFFAHREN!
REVAL

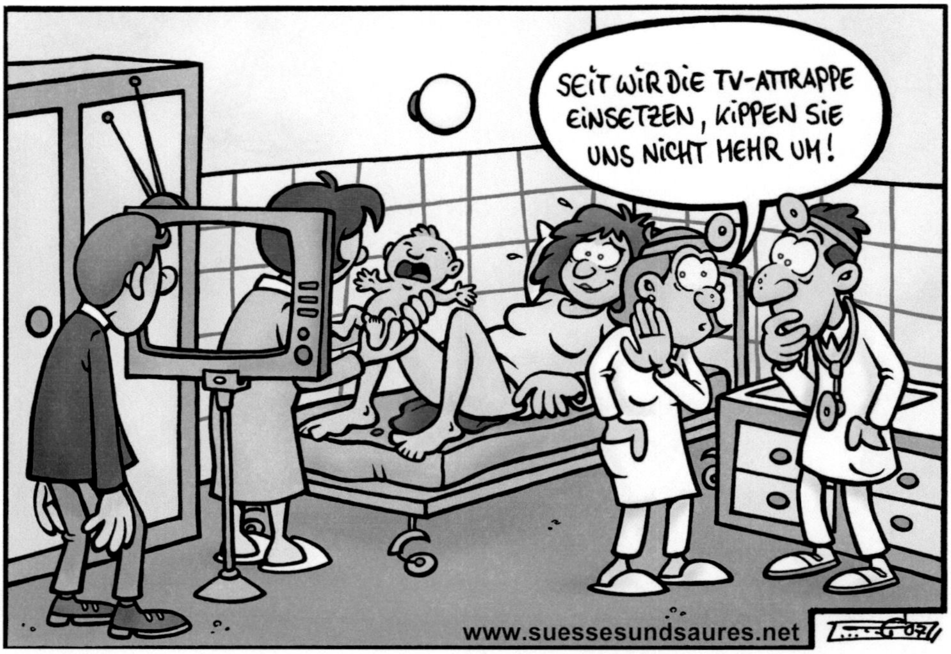
SEIT WIR DIE TV-ATTRAPPE EINSETZEN, KIPPEN SIE UNS NICHT MEHR UM!
www.suessesundsaures.net

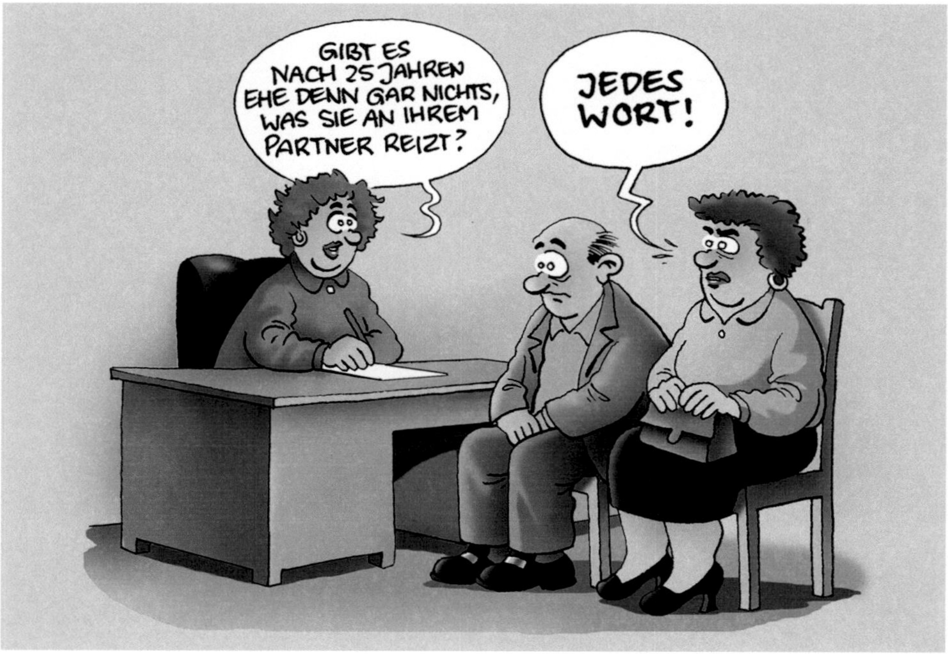
GIBT ES NACH 25 JAHREN EHE DENN GAR NICHTS, WAS SIE AN IHREM PARTNER REIZT?
JEDES WORT!

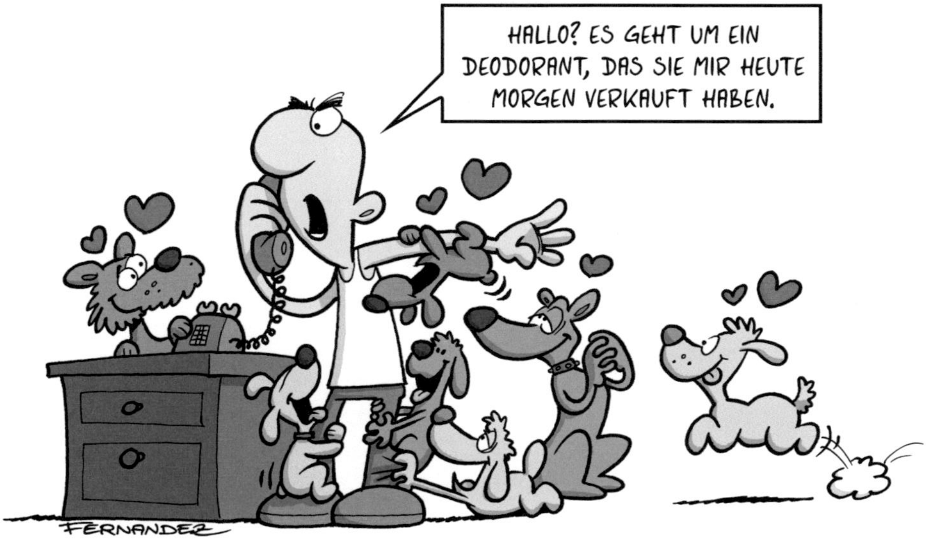
HALLO? ES GEHT UM EIN DEODORANT, DAS SIE MIR HEUTE MORGEN VERKAUFT HABEN.
FERNANDEZ

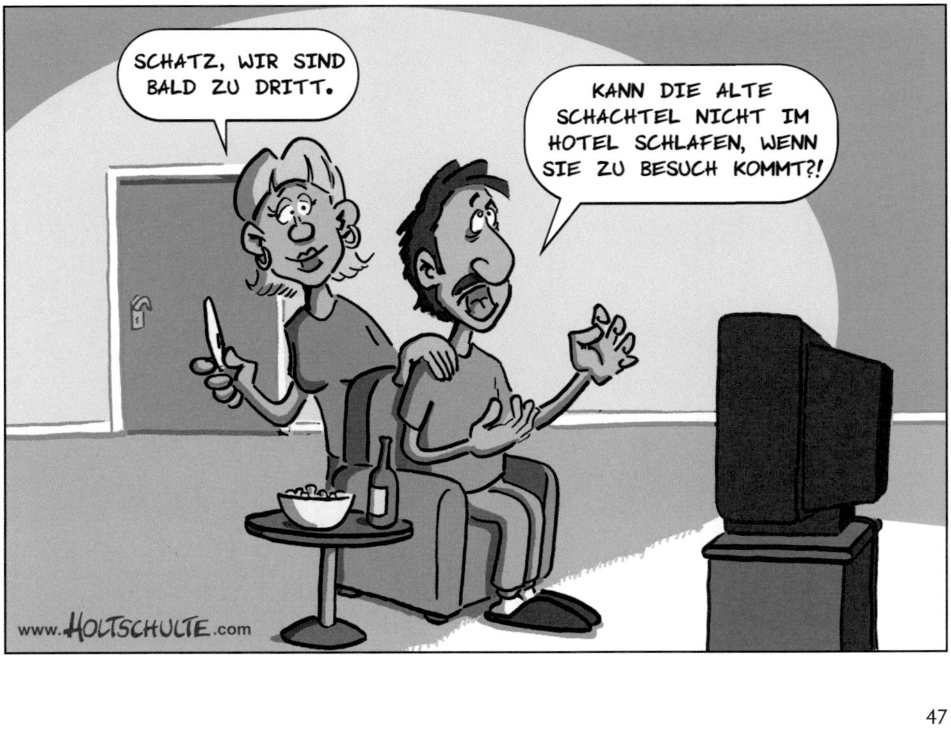
SCHATZ, WIR SIND BALD ZU DRITT.
KANN DIE ALTE SCHACHTEL NICHT IM HOTEL SCHLAFEN, WENN SIE ZU BESUCH KOMMT?!
www.HOLTSCHULTE.com

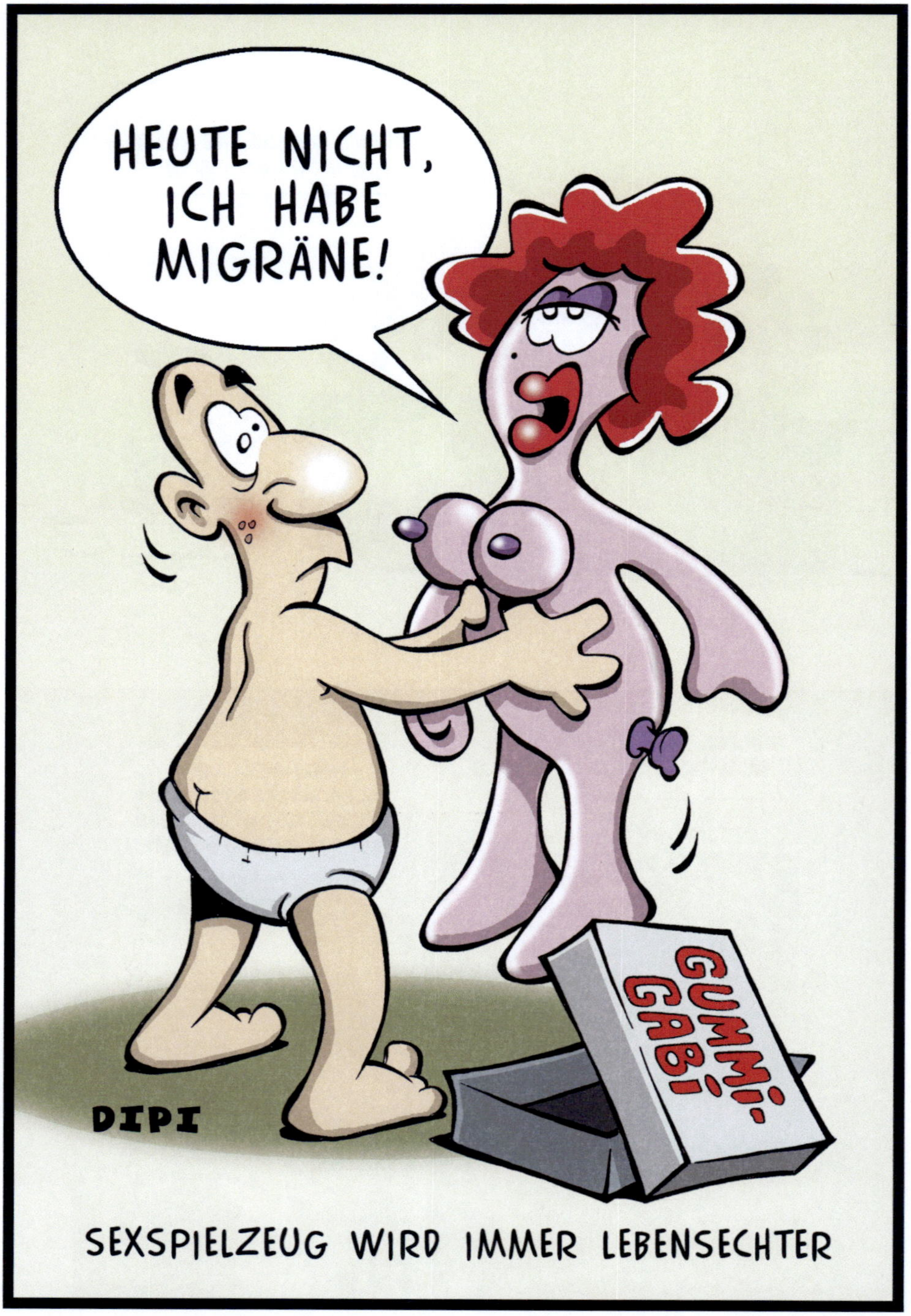
HEUTE NICHT, ICH HABE MIGRÄNE!
GUMMI-GABI
DIPI
SEXSPIELZEUG WIRD IMMER LEBENSECHTER

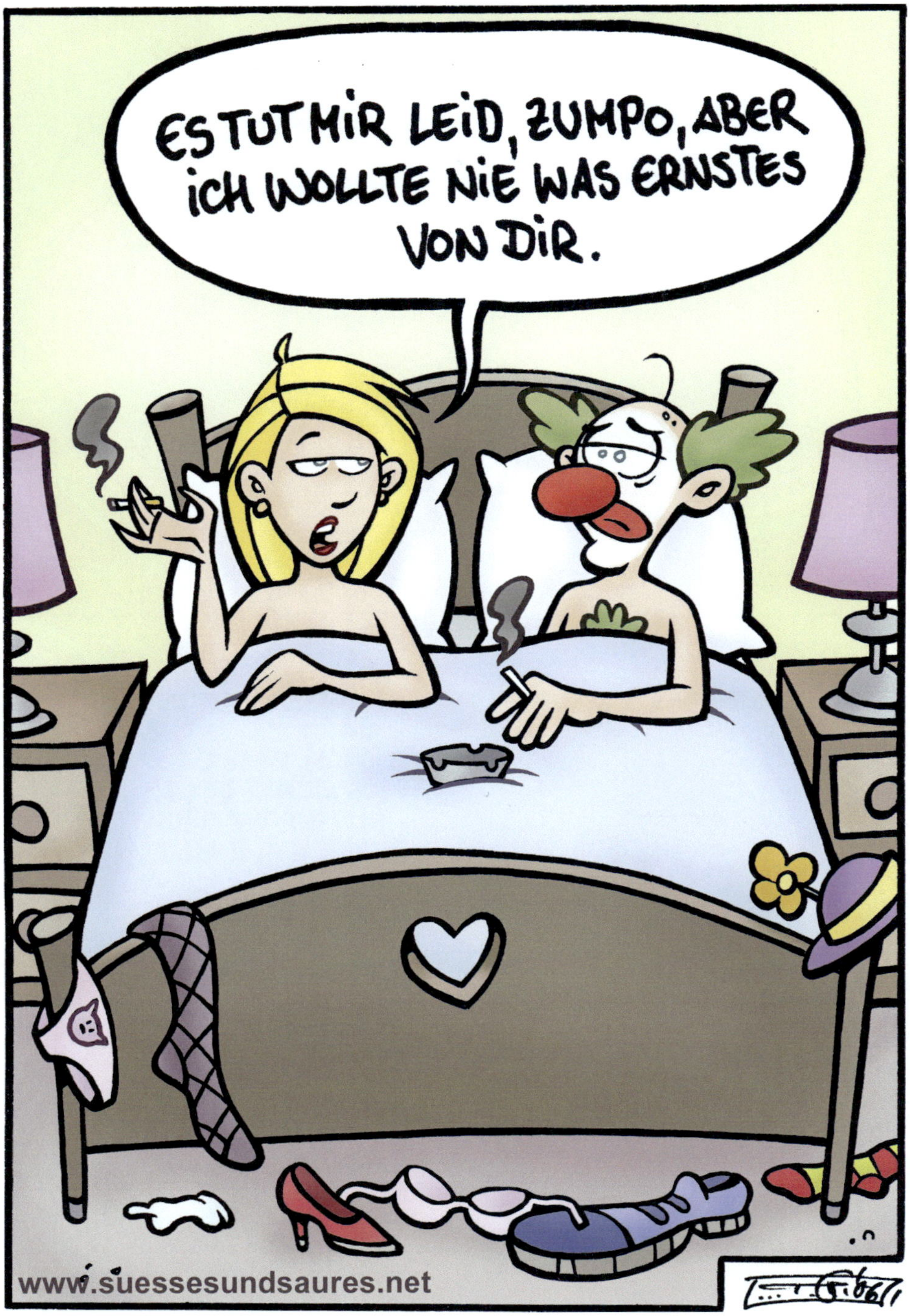
ES TUT MIR LEID, ZUMPO, ABER ICH WOLLTE NIE WAS ERNSTES VON DIR.
www.suessesundsaures.net

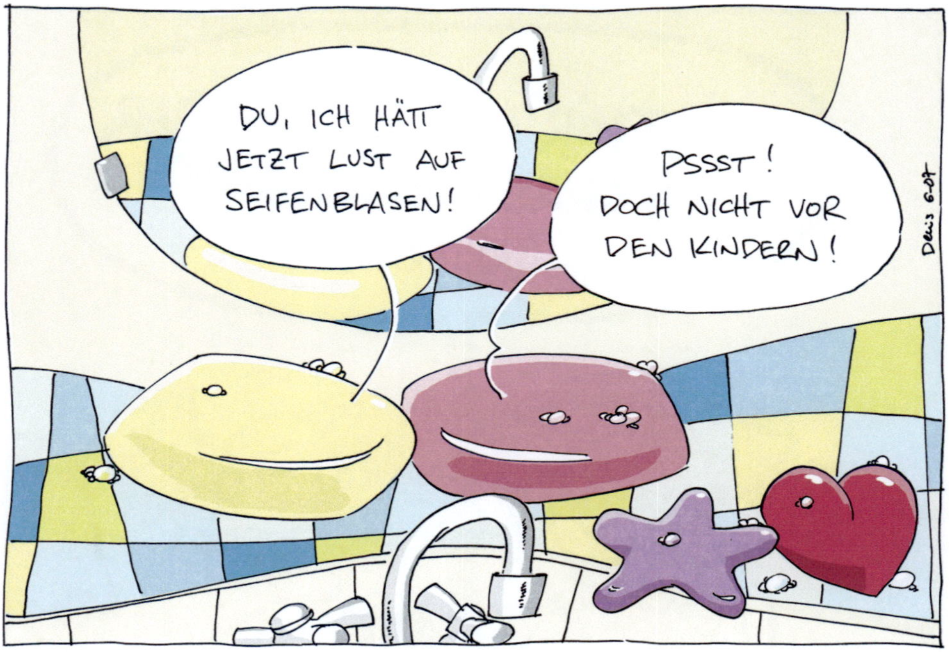
DU, ICH HÄTT JETZT LUST AUF SEIFENBLASEN!
PSSST! DOCH NICHT VOR DEN KINDERN!

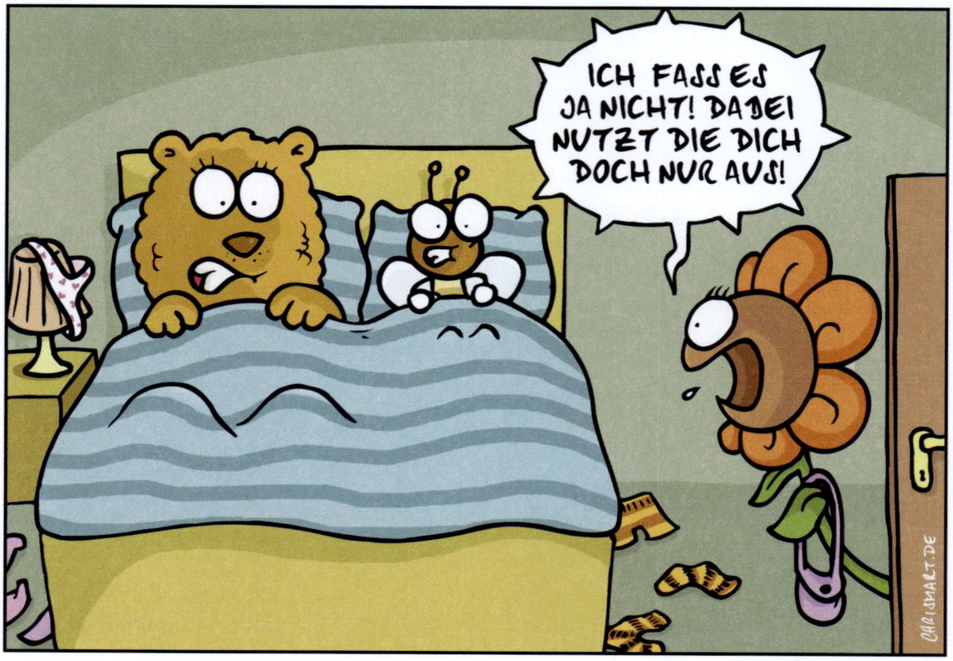
ICH FASS ES JA NICHT! DABEI NUTZT DIE DICH DOCH NUR AUS!
CHRISMART.DE

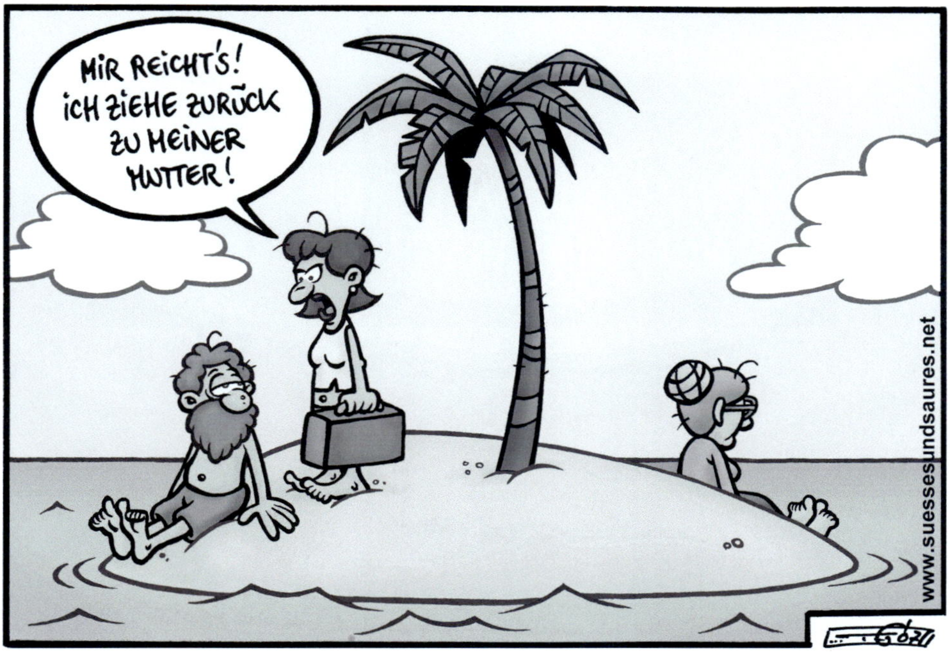
MIR REICHT'S! ICH ZIEHE ZURÜCK ZU MEINER MUTTER!
www.suessesundsaures.net

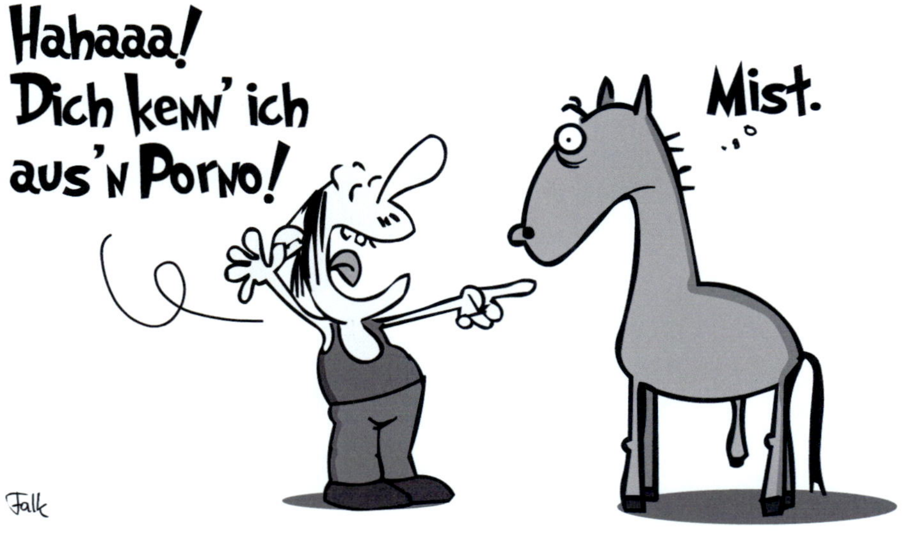
Hahaaa! Dich kenn' ich aus'n Porno!
Mist.
Falk

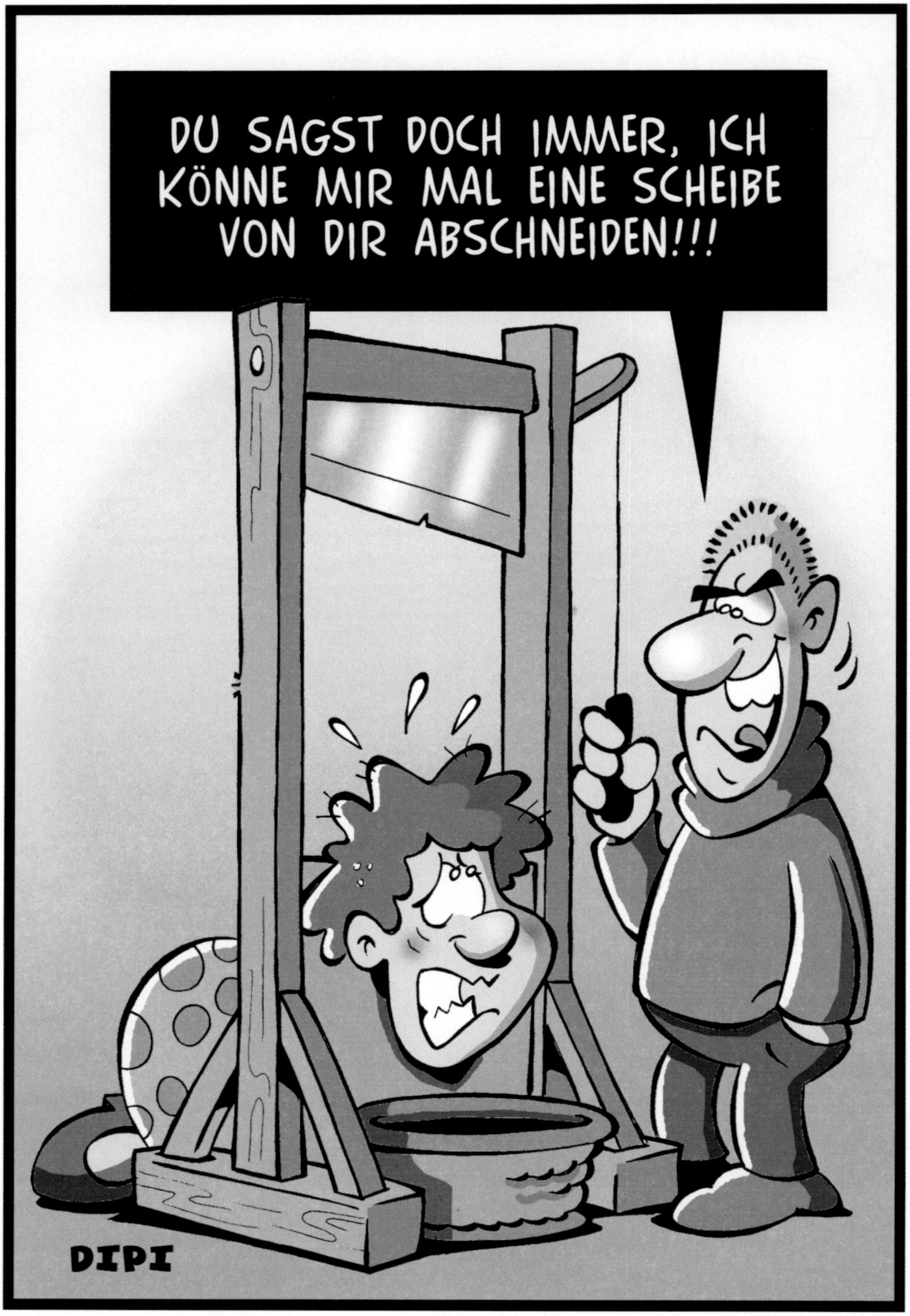
DU SAGST DOCH IMMER, ICH KÖNNE MIR MAL EINE SCHEIBE VON DIR ABSCHNEIDEN!!!
DIPI

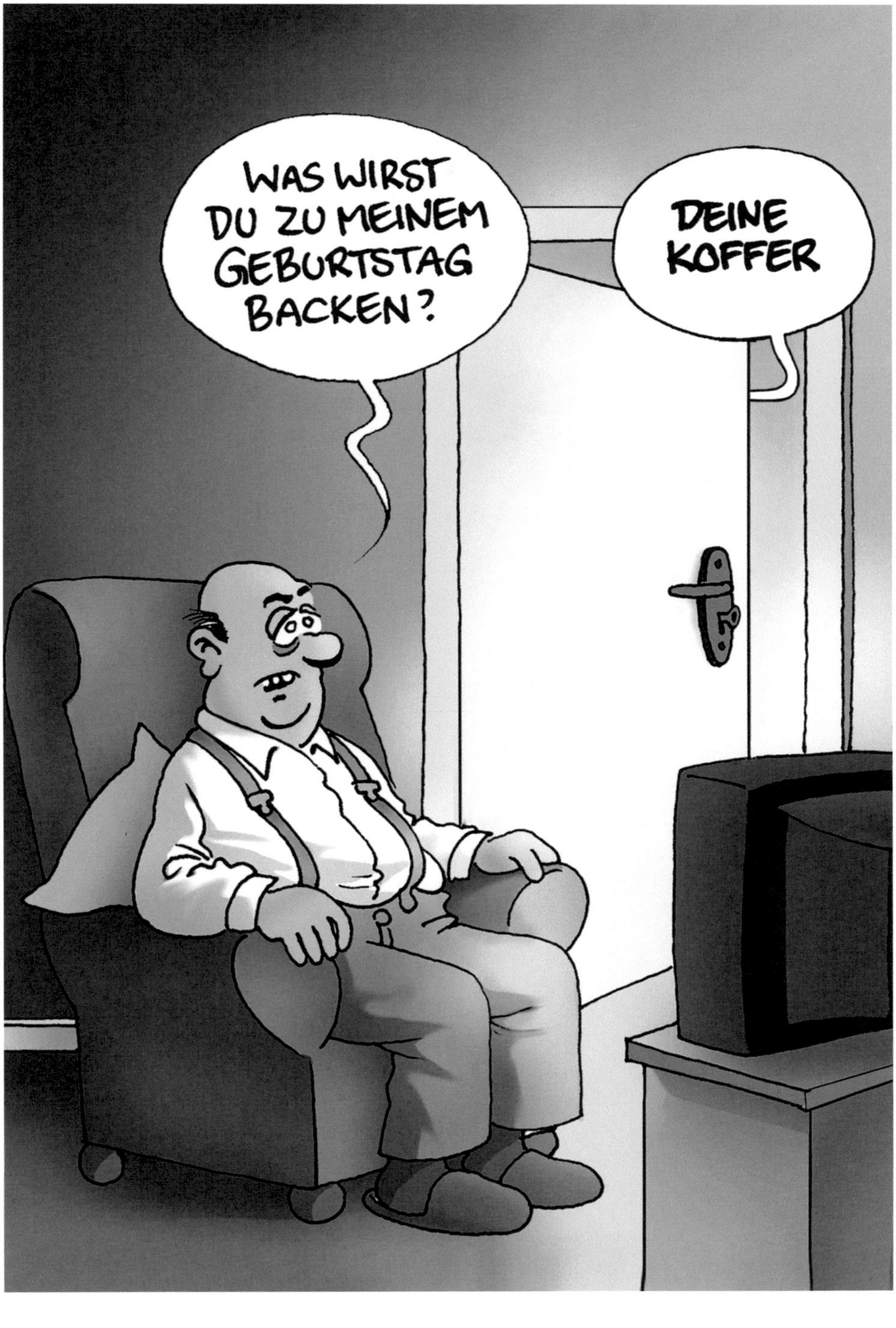
WAS WIRST DU ZU MEINEM GEBURTSTAG BACKEN?
DEINE KOFFER

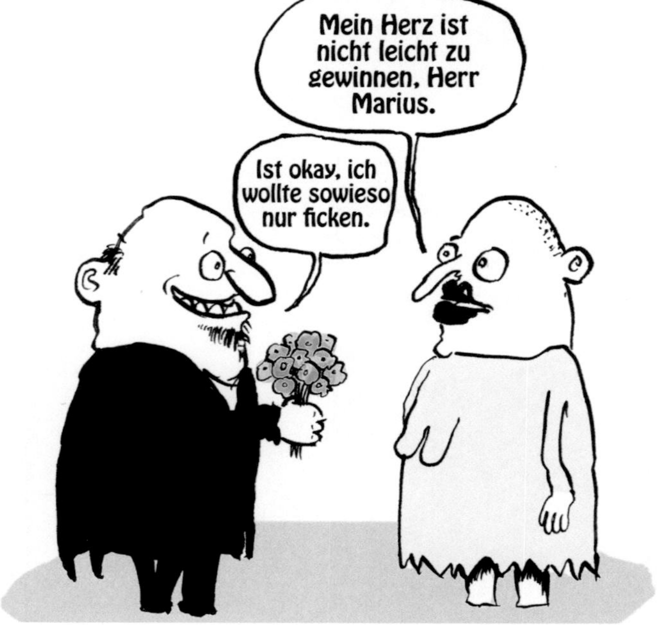
Mein Herz ist nicht leicht zu gewinnen, Herr Marius.
Ist okay, ich wollte sowieso nur ficken.

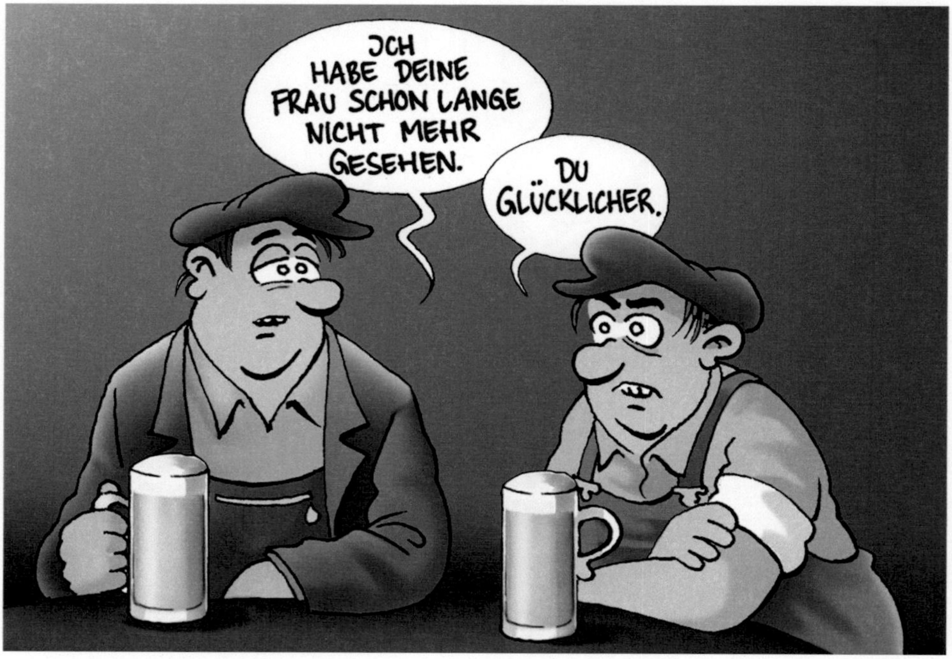
JCH HABE DEINE FRAU SCHON LANGE NICHT MEHR GESEHEN.
.. DU GLÜCKLICHER.

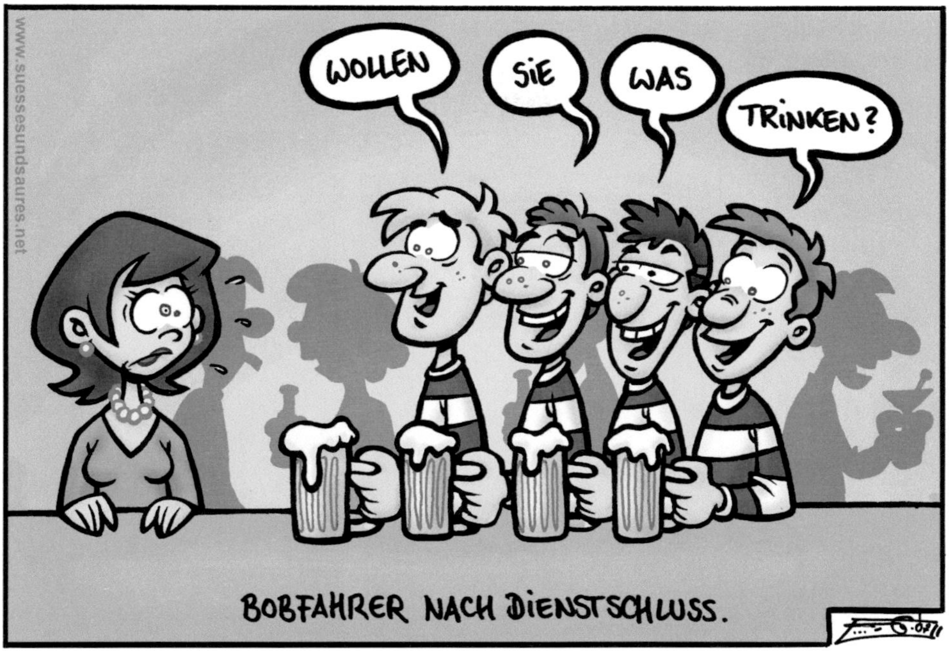
WOLLEN
SIE
WAS
TRINKEN?
www.suessesundsaures.net

BOBFAHRER NACH DIENSTSCHLUSS.

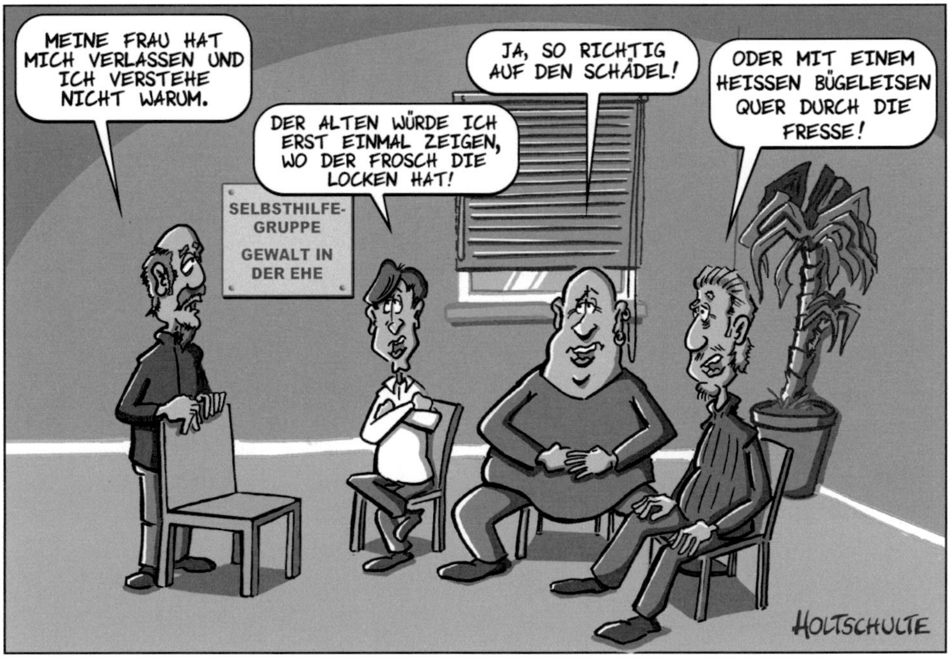
MEINE FRAU HAT MICH VERLASSEN UND ICH VERSTEHE NICHT WARUM.
DER ALTEN WÜRDE ICH ERST EINMAL ZEIGEN, WO DER FROSCH DIE LOCKEN HAT!
JA, SO RICHTIG AUF DEN SCHÄDEL!
ODER MIT EINEM HEISSEN BÜGELEISEN QUER DURCH DIE FRESSE!
SELBSTHILFE-GRUPPE
GEWALT IN DER EHE
HOLTSCHULTE

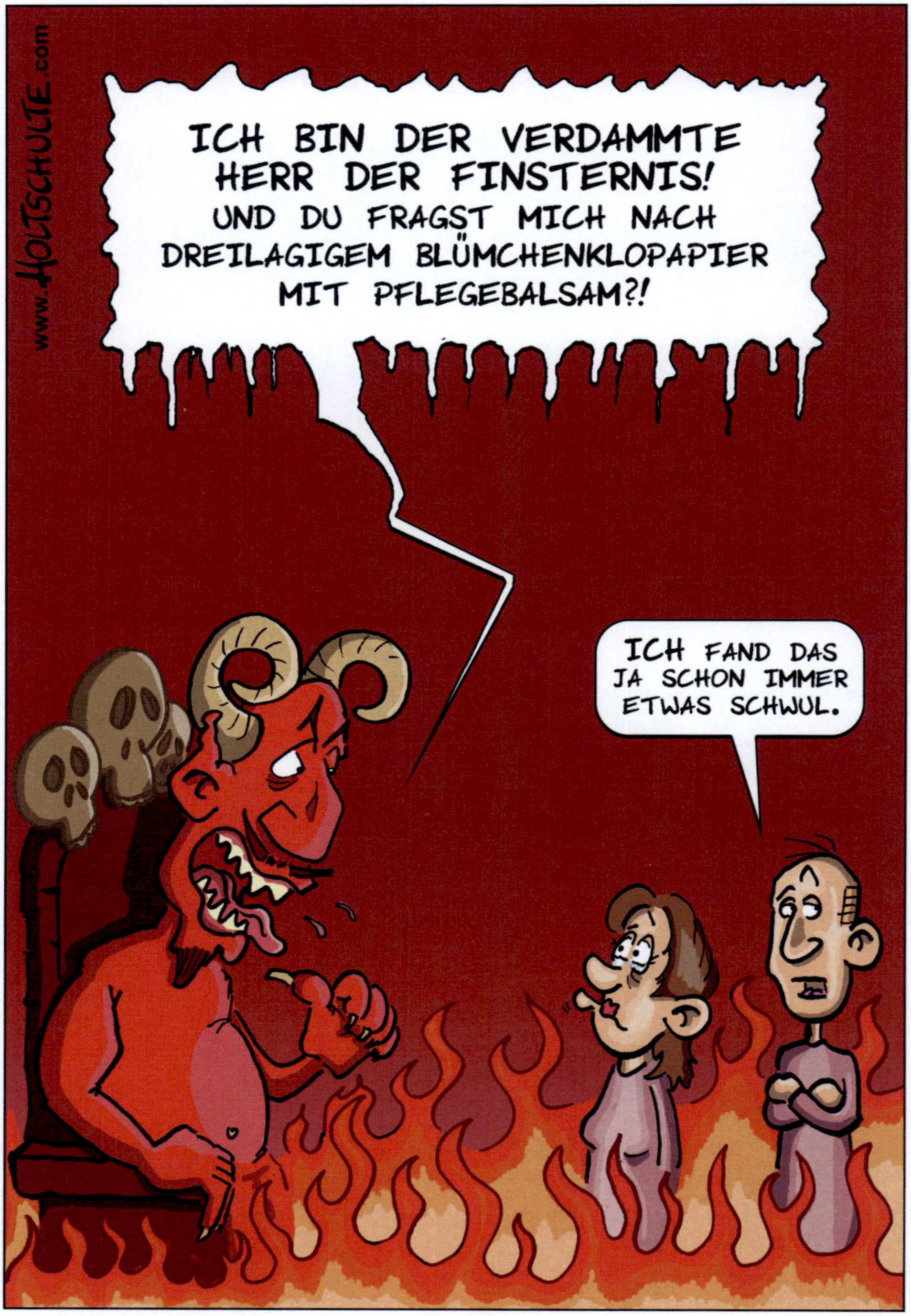
www.HOLTSCHULTE.com
ICH BIN DER VERDAMMTE HERR DER FINSTERNIS! UND DU FRAGST MICH NACH DREILAGIGEM BLÜMCHENKLOPAPIER MIT PFLEGEBALSAM?!
ICH FAND DAS JA SCHON IMMER ETWAS SCHWUL.

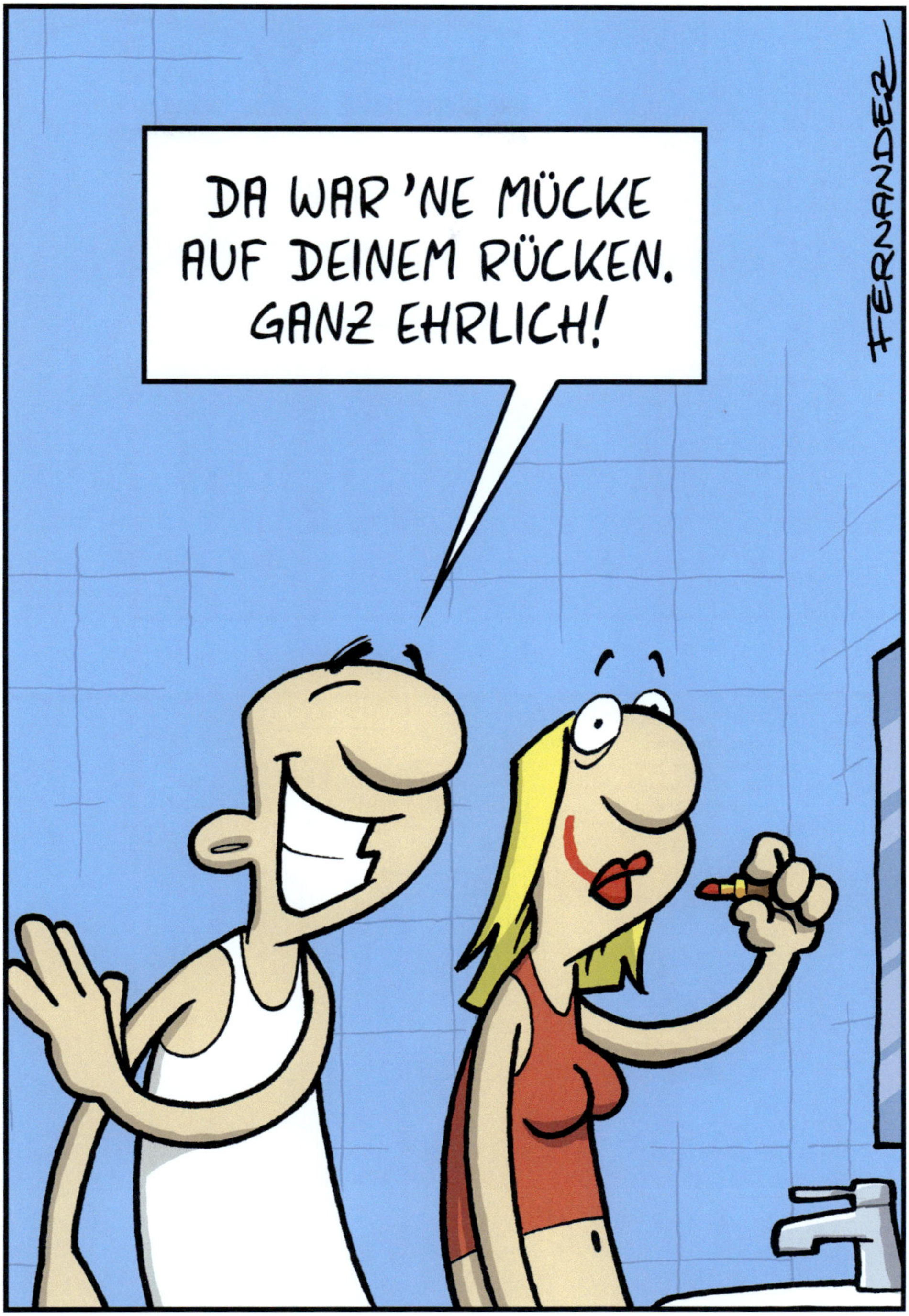
DA WAR'NE MÜCKE AUF DEINEM RÜCKEN. GANZ EHRLICH!
FERNANDEZ

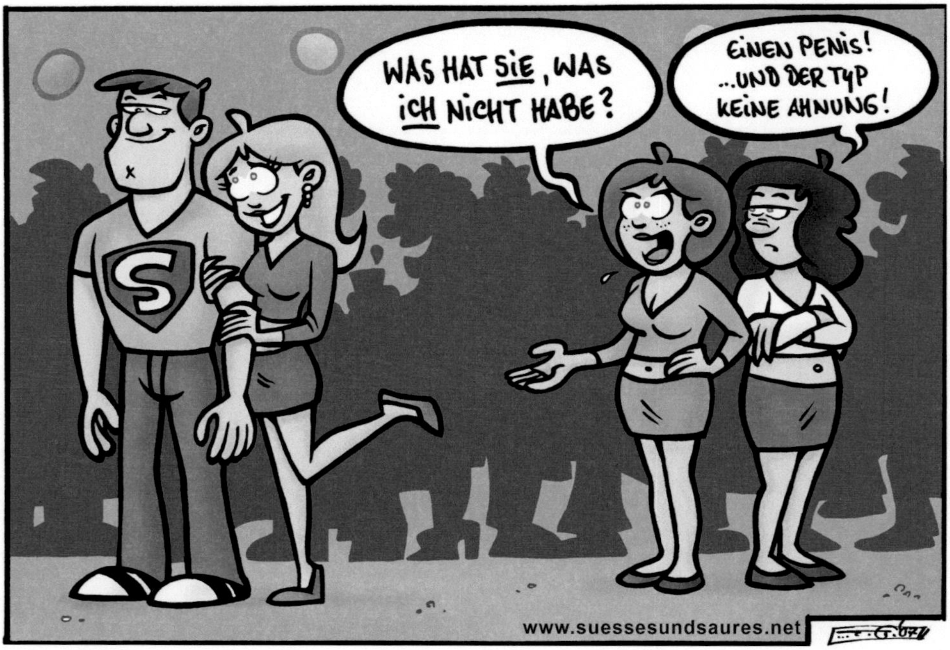
WAS HAT SIE, WAS ICH NICHT HABE?
EINEN PENIS! ...UND DER TYP KEINE AHNUNG!
www.suessesundsaures.net

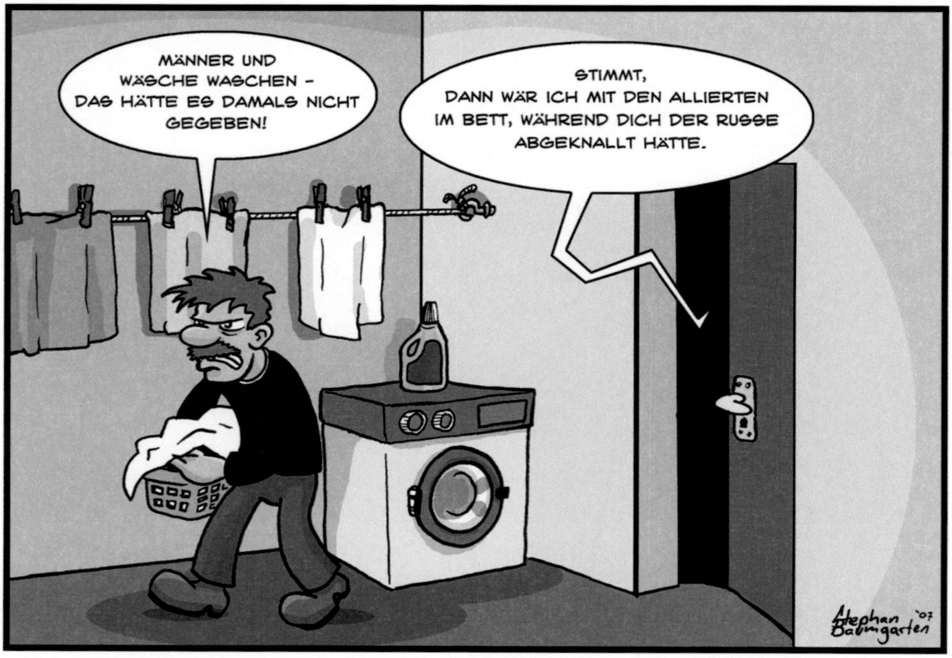
MÄNNER UND WÄSCHE WASCHEN - DAS HÄTTE ES DAMALS NICHT GEGEBEN!
STIMMT, DANN WÄR ICH MIT DEN ALLIERTEN IM BETT, WÄHREND DICH DER RUSSE ABGEKNALLT HÄTTE.
Stephan Baumgarten '07

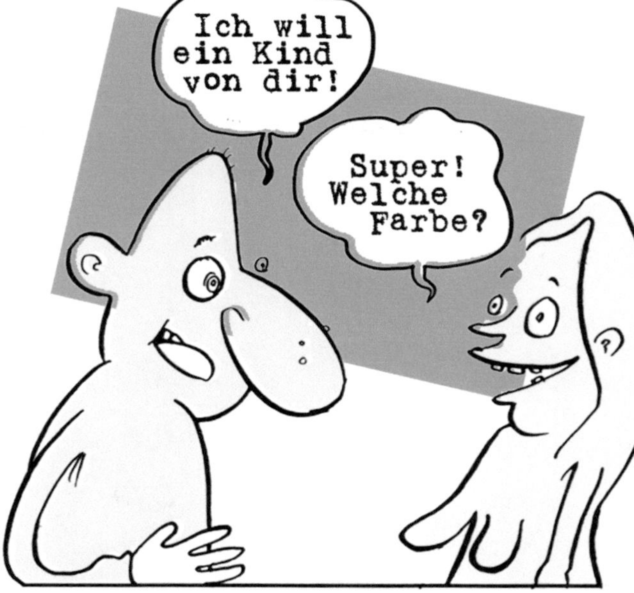
Ich will ein Kind von dir!
Super! Welche Farbe?

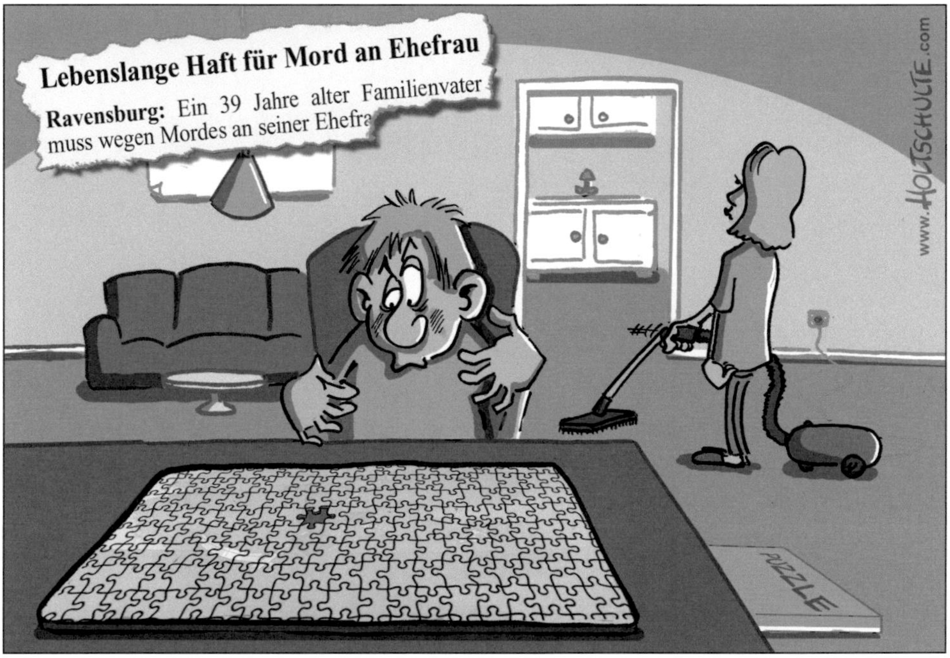
Lebenslange Haft für Mord an Ehefrau
Ravensburg: Ein 39 Jahre alter Familienvater
muss wegen Mordes an seiner Ehefra
www.HOLTSCHULTE.com
PUZZLE

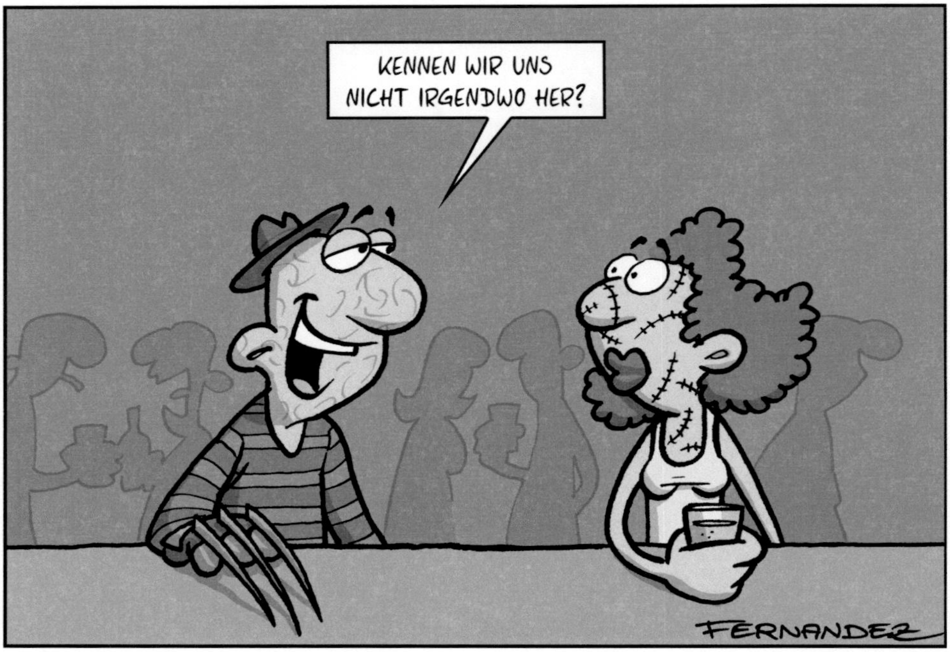
KENNEN WIR UNS
NICHT IRGENDWO HER?
FERNANDEZ

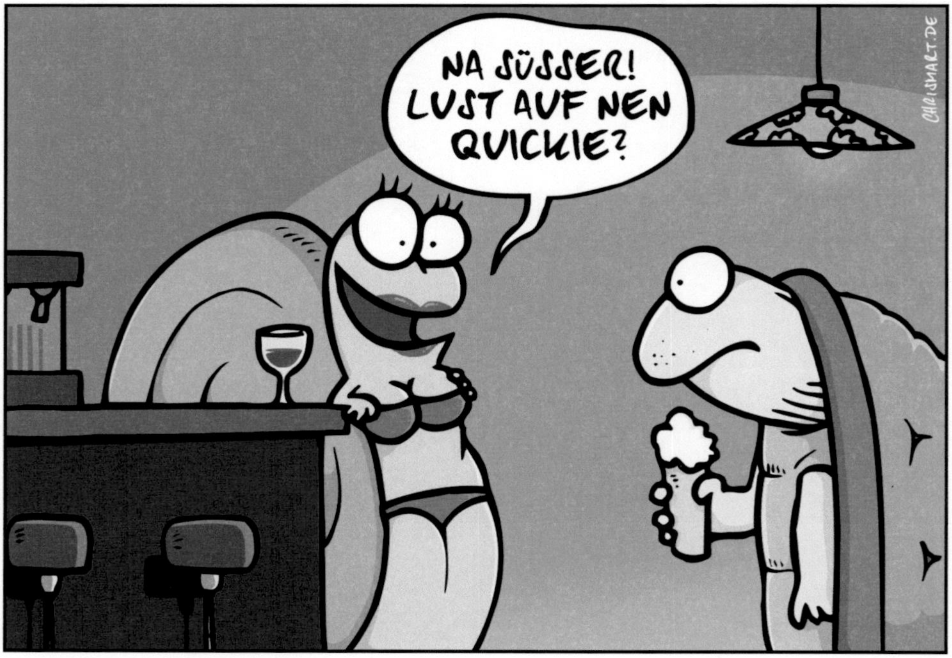
NA SÜSSER!
LUST AUF NEN
QUICKIE?
CHRISMART.DE

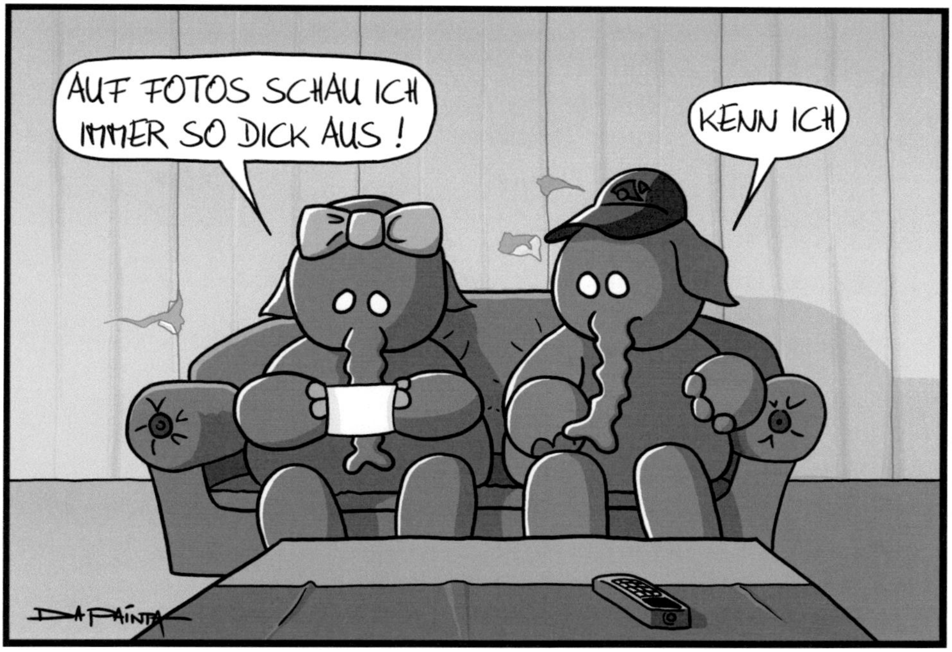
AUF FOTOS SCHAU ICH IMMER SO DICK AUS !
KENN ICH

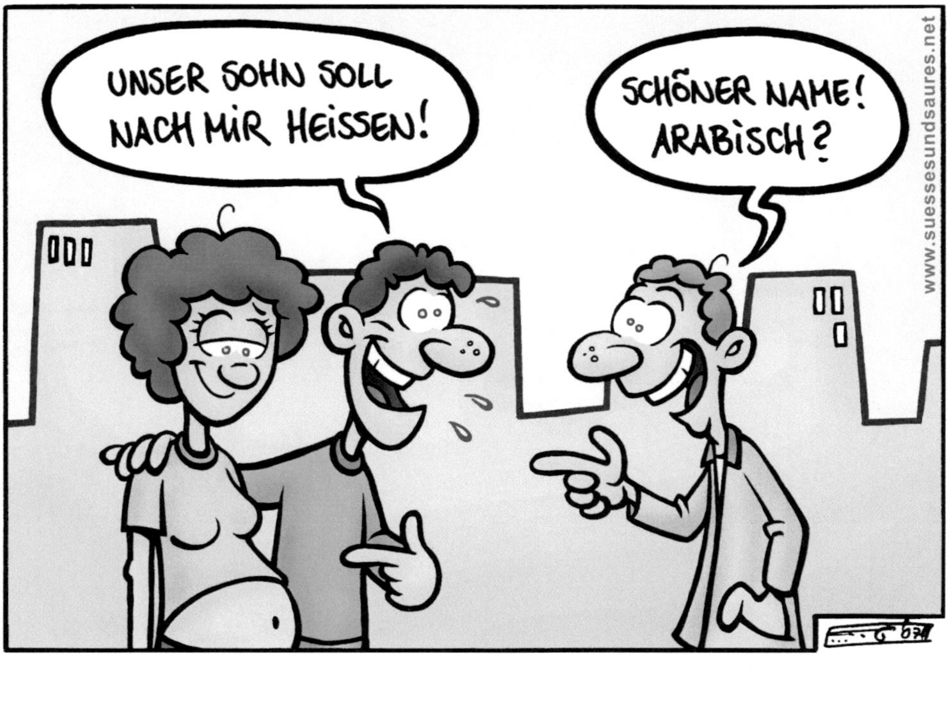
UNSER SOHN SOLL NACH MIR HEISSEN!
SCHÖNER NAME! ARABISCH?
www.suessesundsaures.net

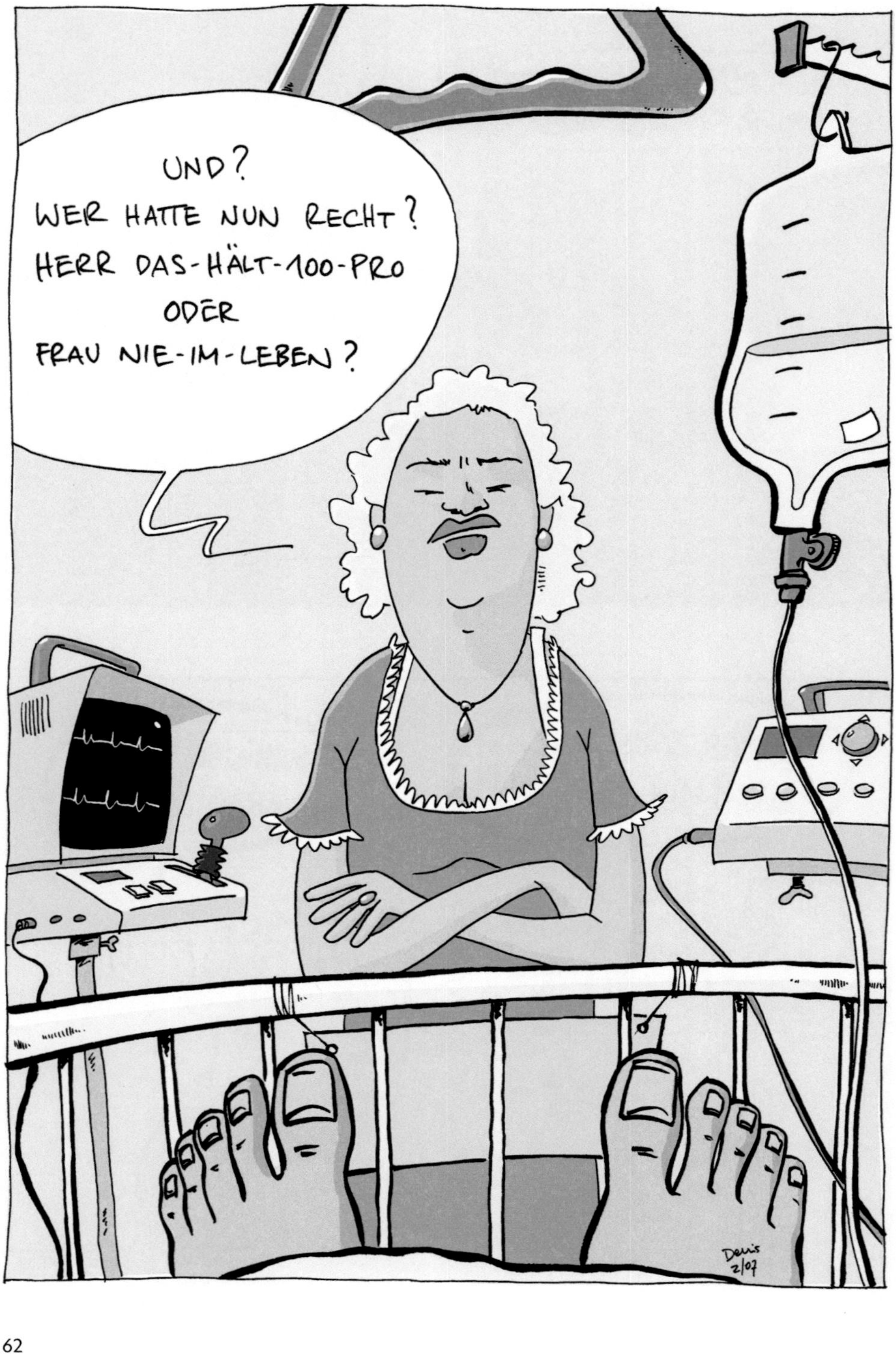
UND?
WER HATTE NUN RECHT?
HERR DAS-HÄLT-100-PRO
ODER
FRAU NIE-IM-LEBEN?
Denis 2/07

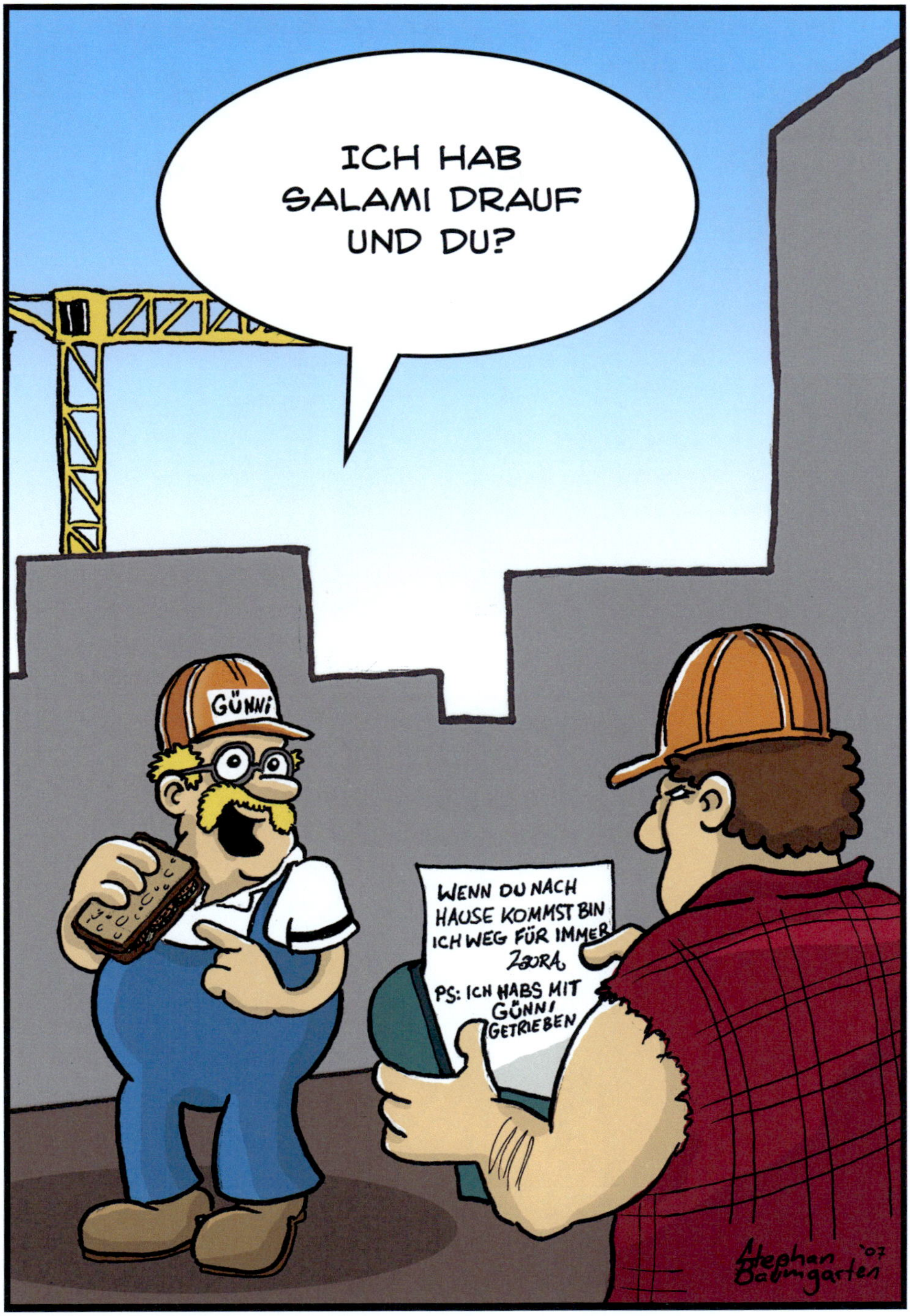
ICH HAB SALAMI DRAUF UND DU?
GÜNNI
WENN DU NACH HAUSE KOMMST BIN ICH WEG FÜR IMMER
ZORA
PS: ICH HABS MIT GÜNNI GETRIEBEN
Stephan Baumgarten '07

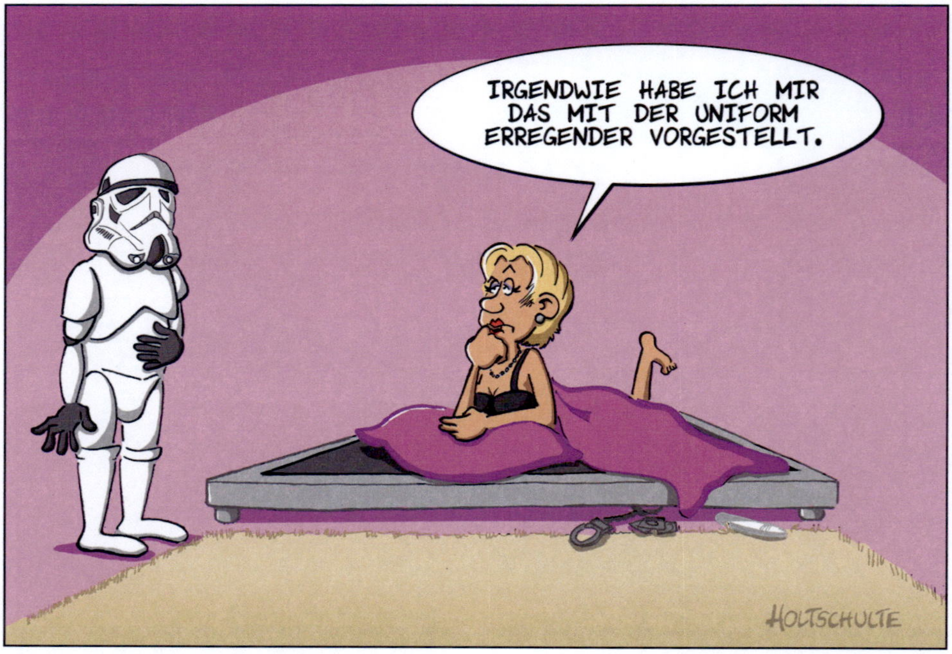
IRGENDWIE HABE ICH MIR DAS MIT DER UNIFORM ERREGENDER VORGESTELLT.
HOLTSCHULTE

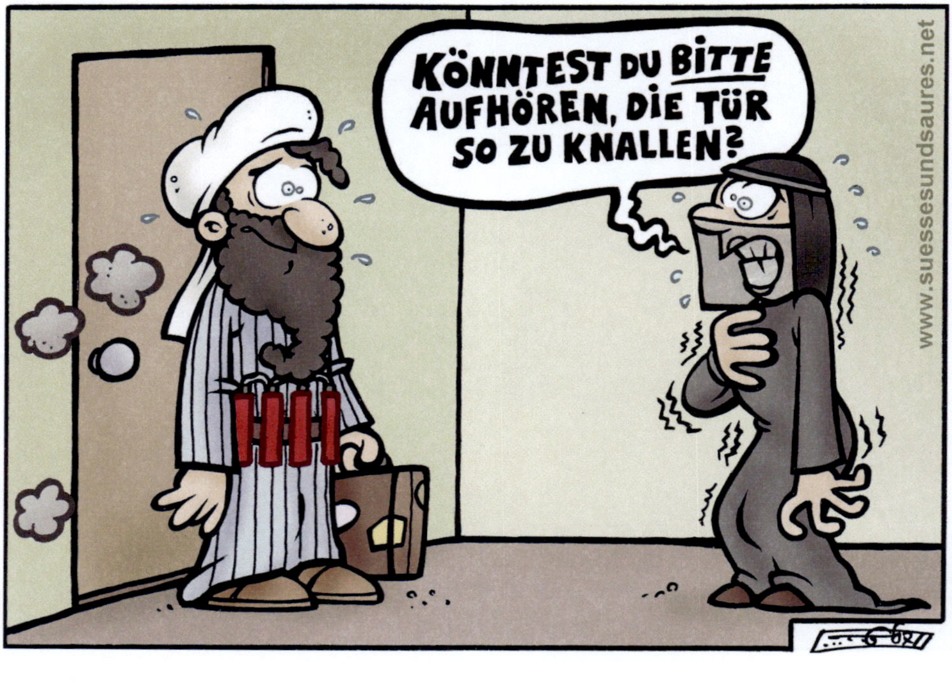
KÖNNTEST DU BITTE AUFHÖREN, DIE TÜR SO ZU KNALLEN?
www.suessesundsaures.net

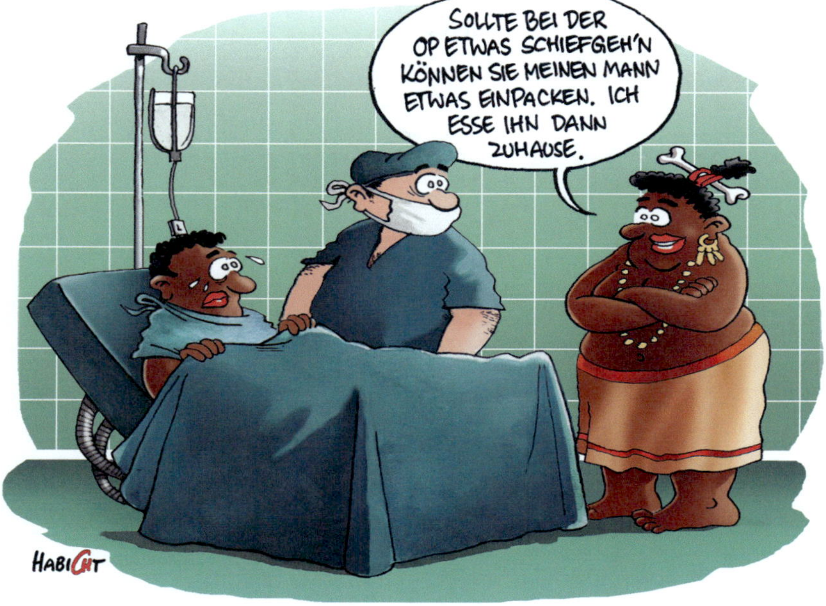
SOLLTE BEI DER OP ETWAS SCHIEFGEH'N KÖNNEN SIE MEINEN MANN ETWAS EINPACKEN. ICH ESSE IHN DANN ZUHAUSE.
HABICHT

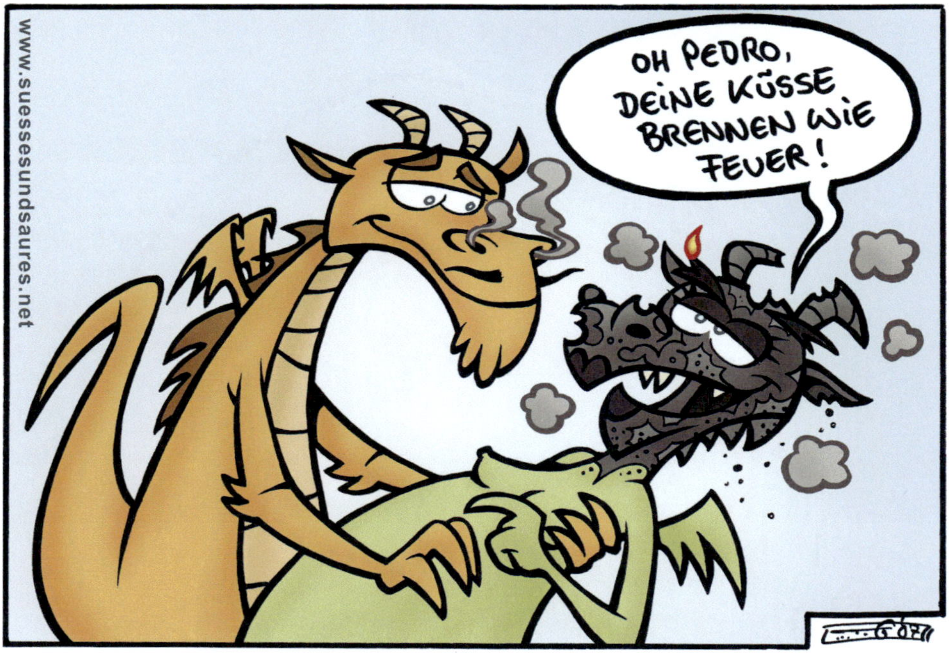
www.suessesundsaures.net
OH PEDRO, DEINE KÜSSE BRENNEN WIE FEUER!

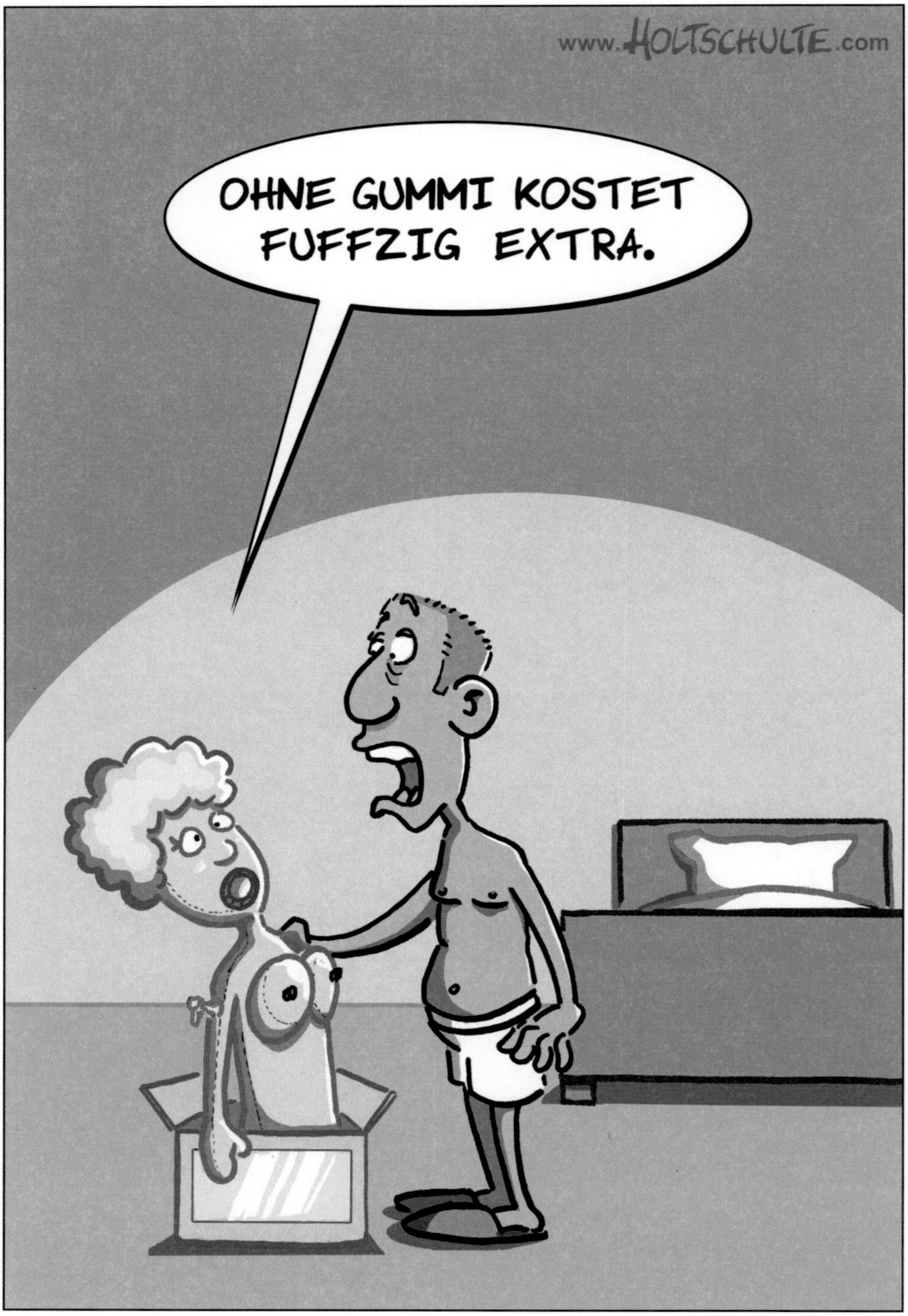
www.HOLTSCHULTE.com
OHNE GUMMI KOSTET FUFFZIG EXTRA.

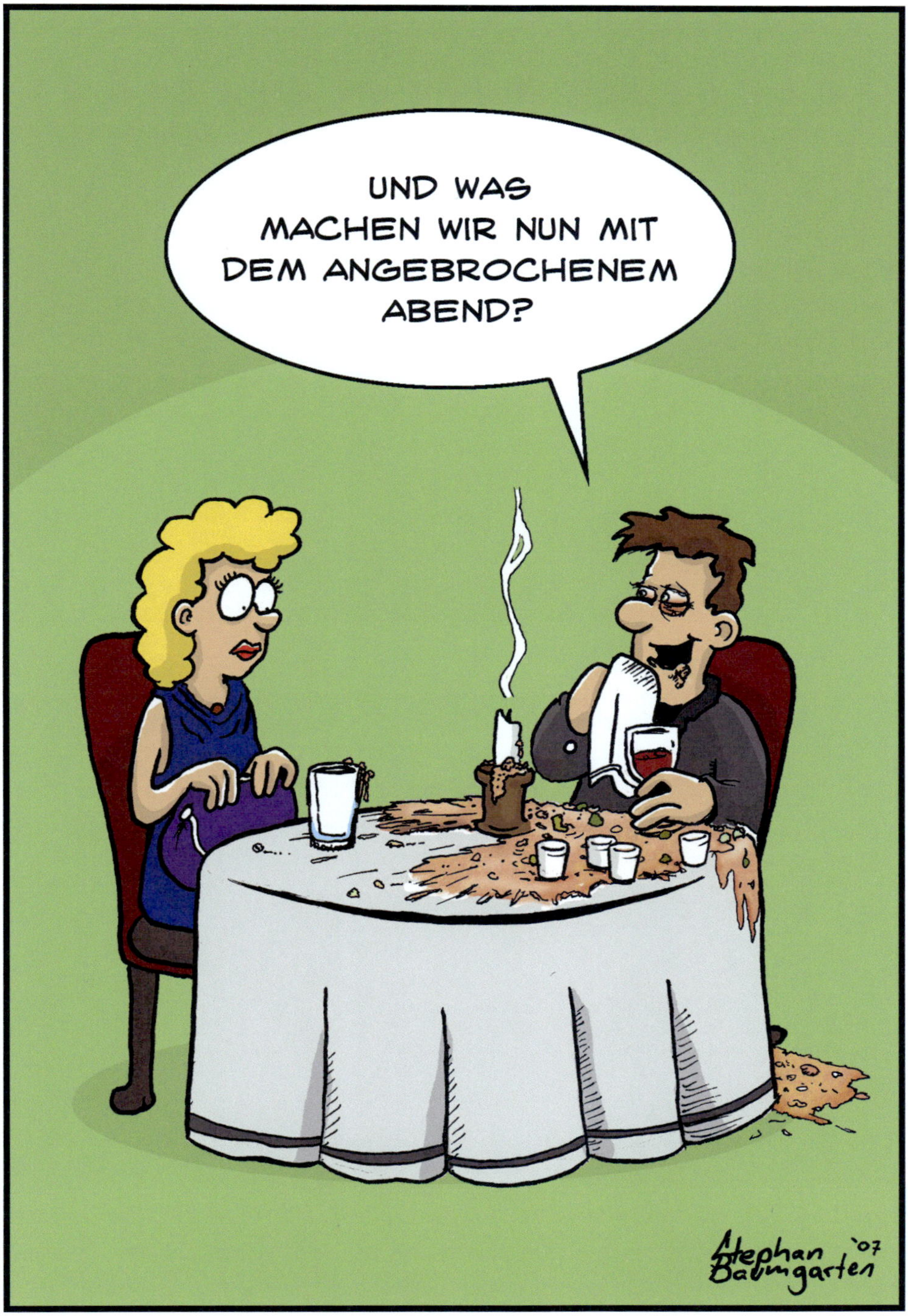
UND WAS MACHEN WIR NUN MIT DEM ANGEBROCHENEM ABEND?
Stephan Baumgarten '07

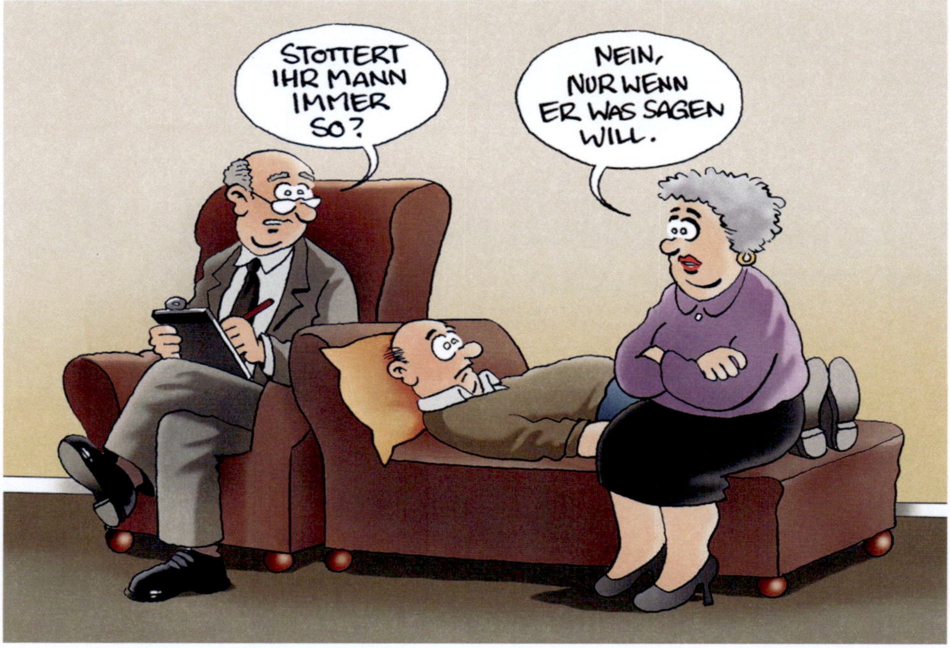
STOTTERT IHR MANN IMMER SO?
NEIN, NUR WENN ER WAS SAGEN WILL.

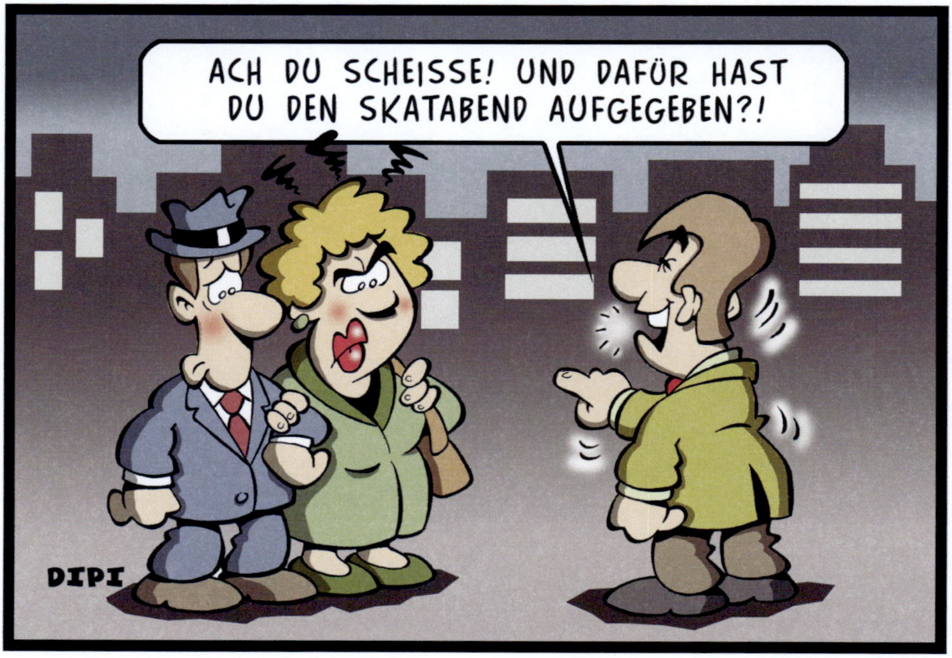
ACH DU SCHEISSE! UND DAFÜR HAST DU DEN SKATABEND AUFGEGEBEN?!
DIPI

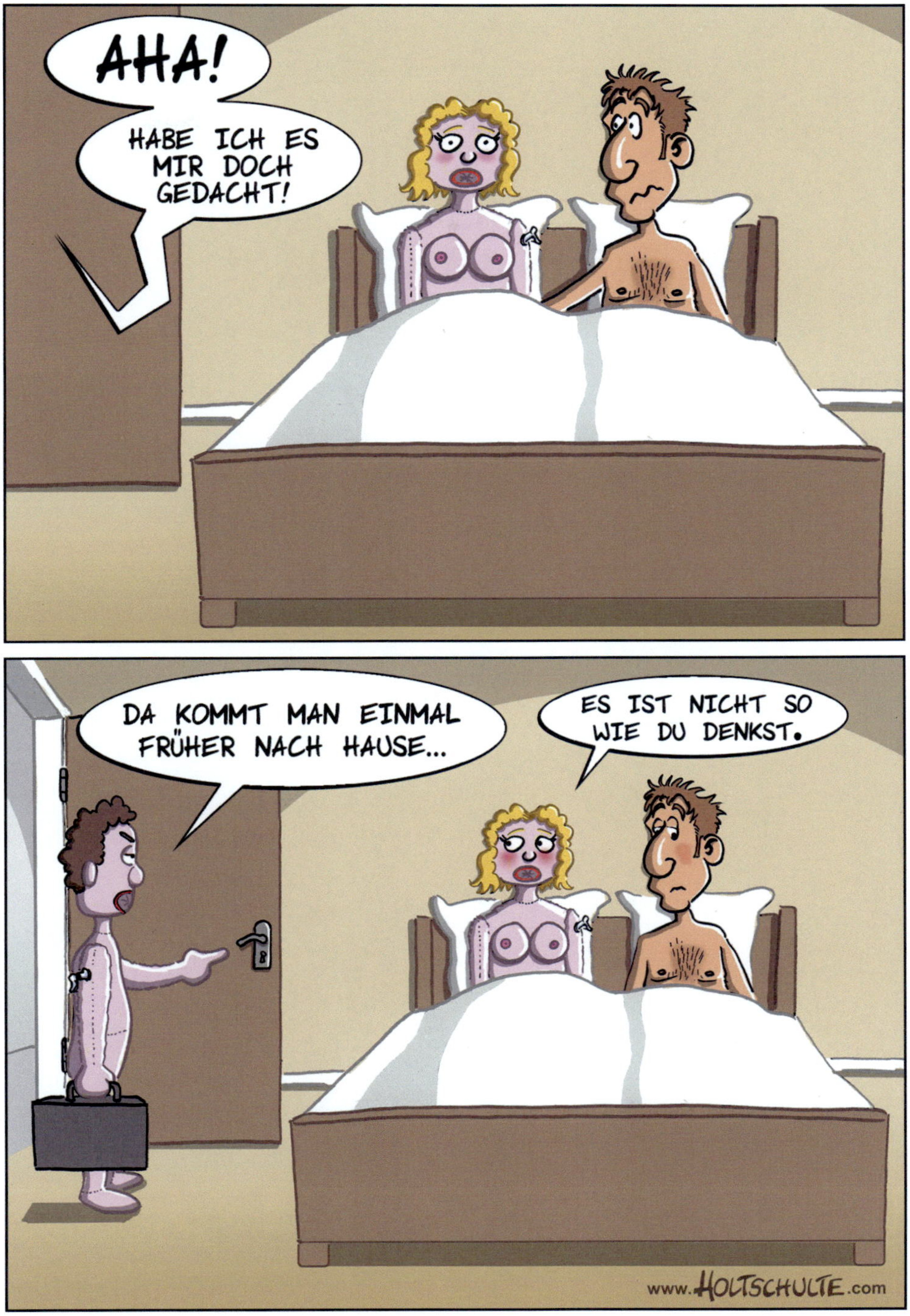
AHA!
HABE ICH ES MIR DOCH GEDACHT!
DA KOMMT MAN EINMAL FRÜHER NACH HAUSE...
ES IST NICHT SO WIE DU DENKST.
www.HOLTSCHULTE.com

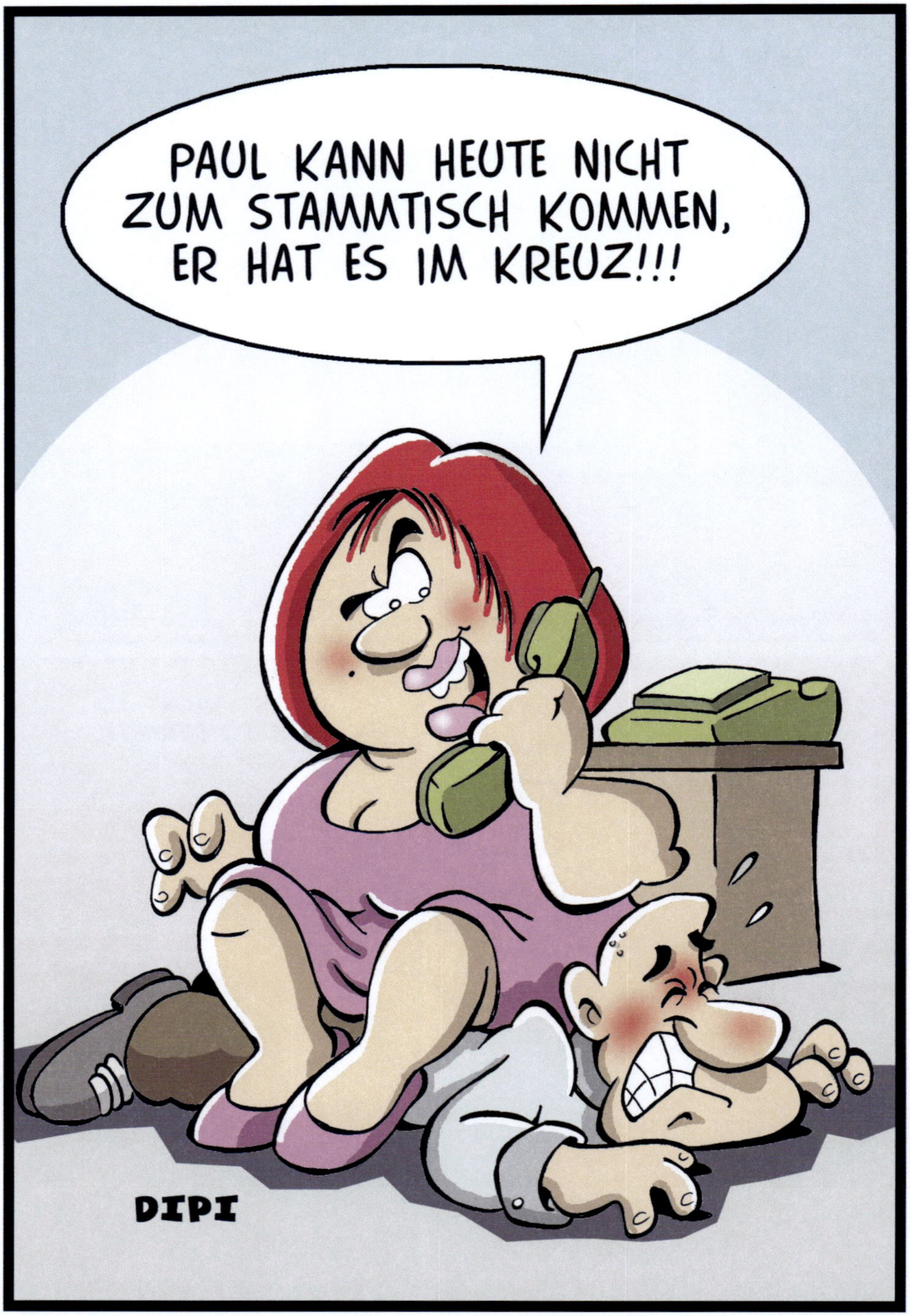
PAUL KANN HEUTE NICHT ZUM STAMMTISCH KOMMEN, ER HAT ES IM KREUZ!!!
DIPI

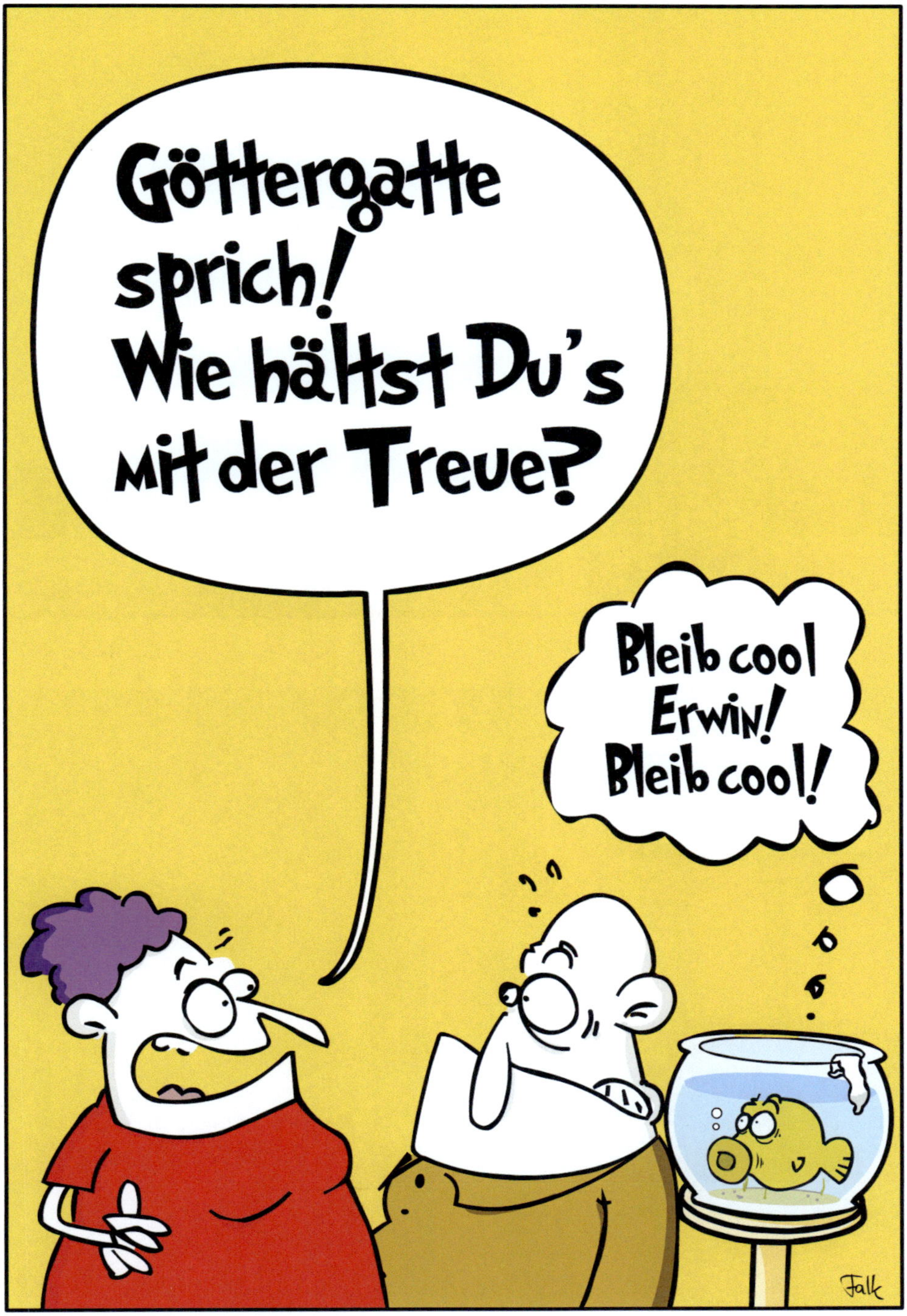
Göttergatte sprich! Wie hältst Du's mit der Treue?
Bleib cool Erwin! Bleib cool!
Falk

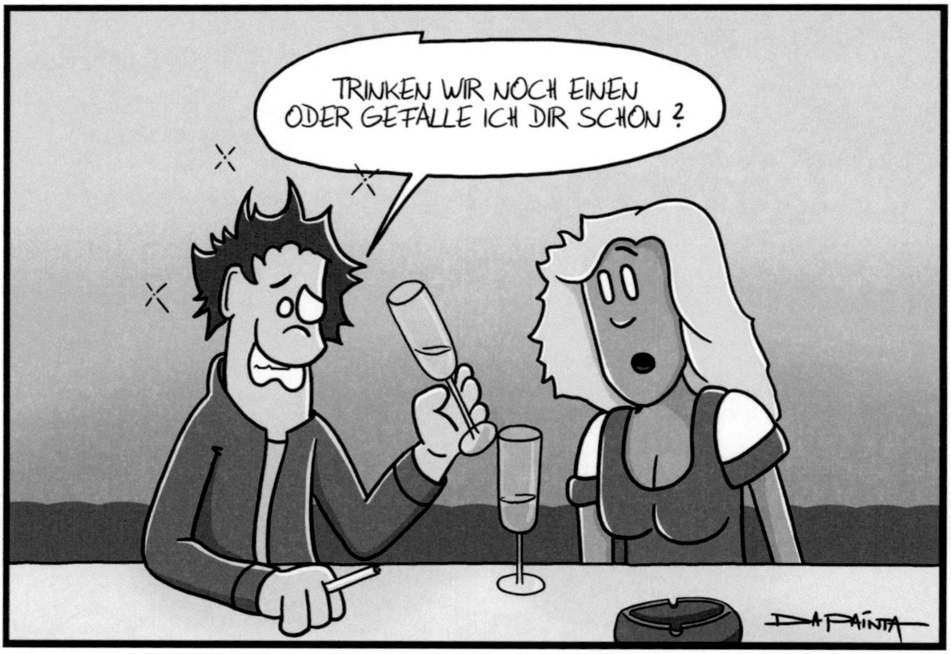
TRINKEN WIR NOCH EINEN ODER GEFÄLLE ICH DIR SCHON ?
DA PAINTA

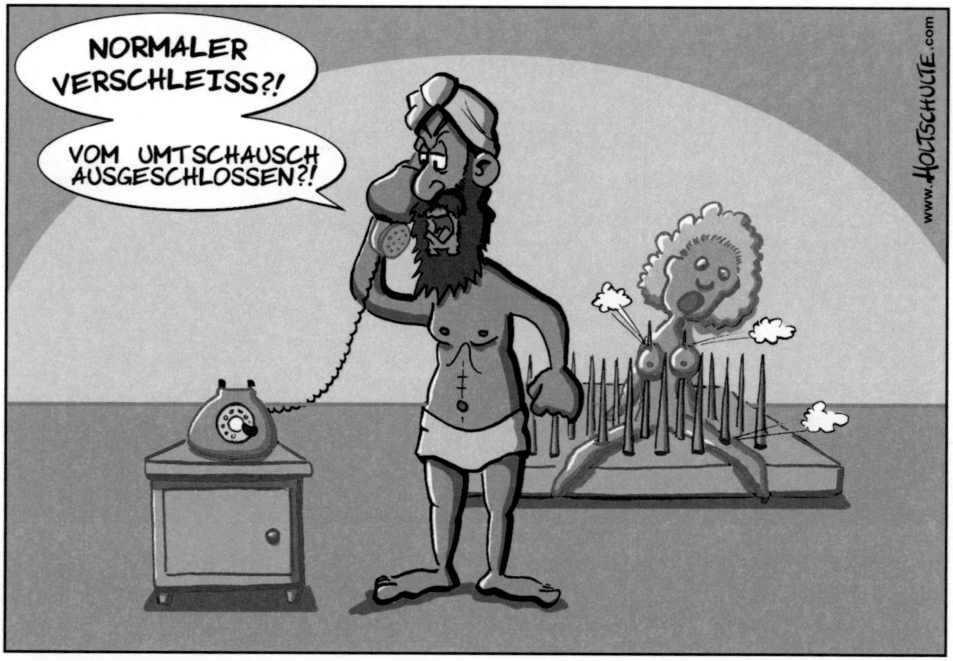
NORMALER VERSCHLEISS?!
VOM UMTSCHAUSCH AUSGESCHLOSSEN?!
www.HOLTSCHULTE.com

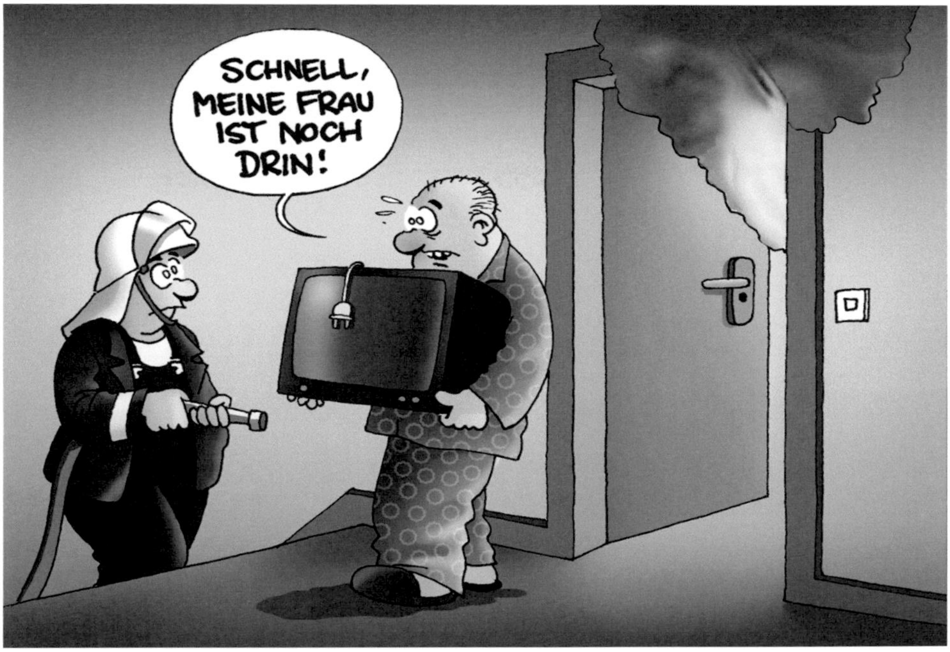
SCHNELL, MEINE FRAU IST NOCH DRIN!

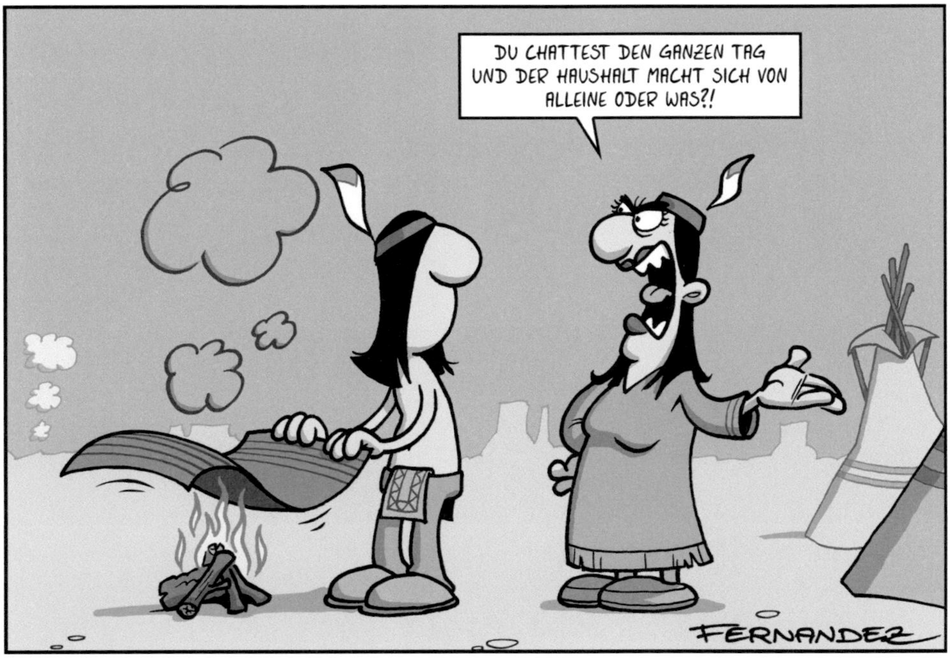
DU CHATTEST DEN GANZEN TAG UND DER HAUSHALT MACHT SICH VON ALLEINE ODER WAS?!
FERNANDEZ

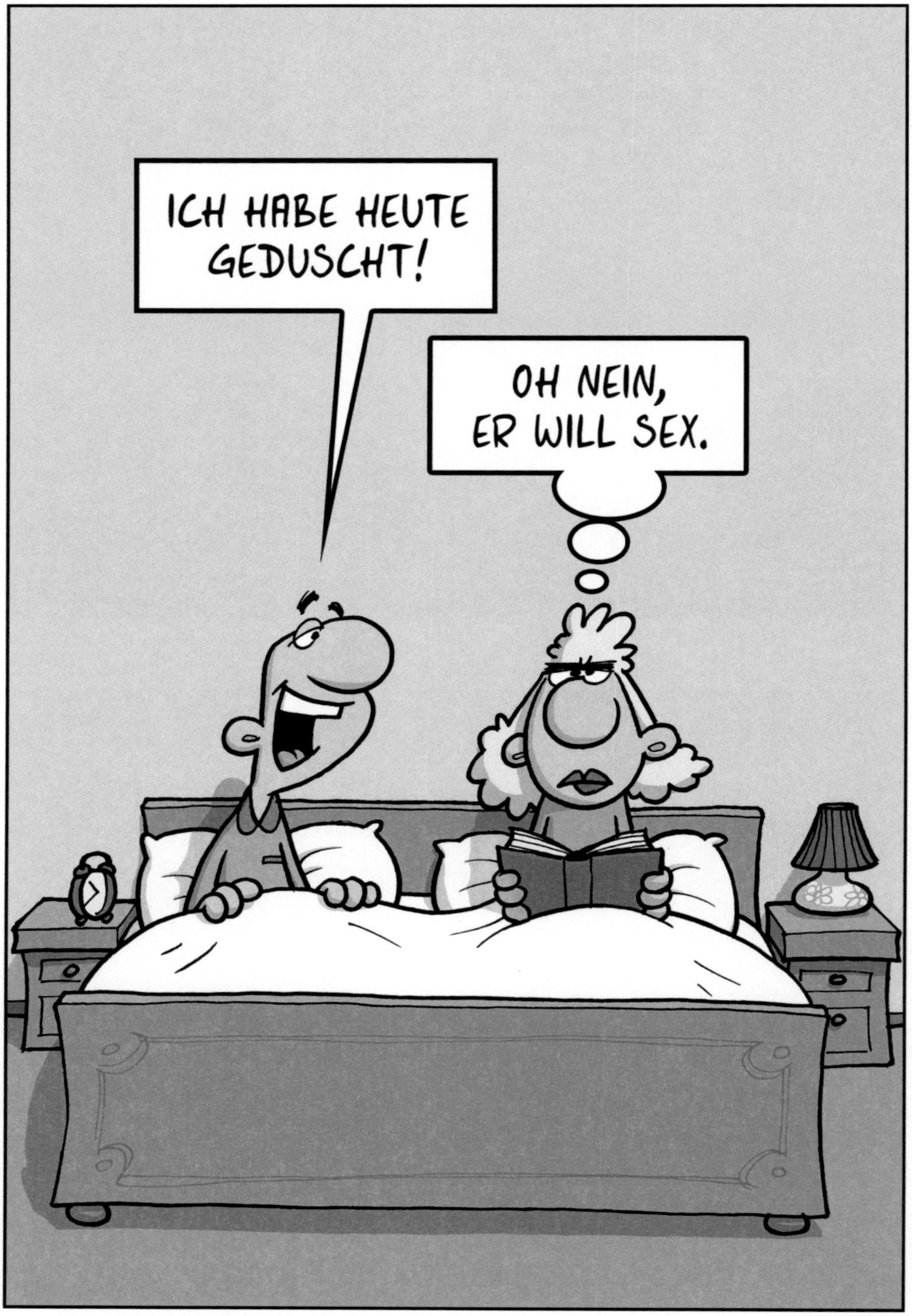
ICH HABE HEUTE GEDUSCHT!
OH NEIN, ER WILL SEX.

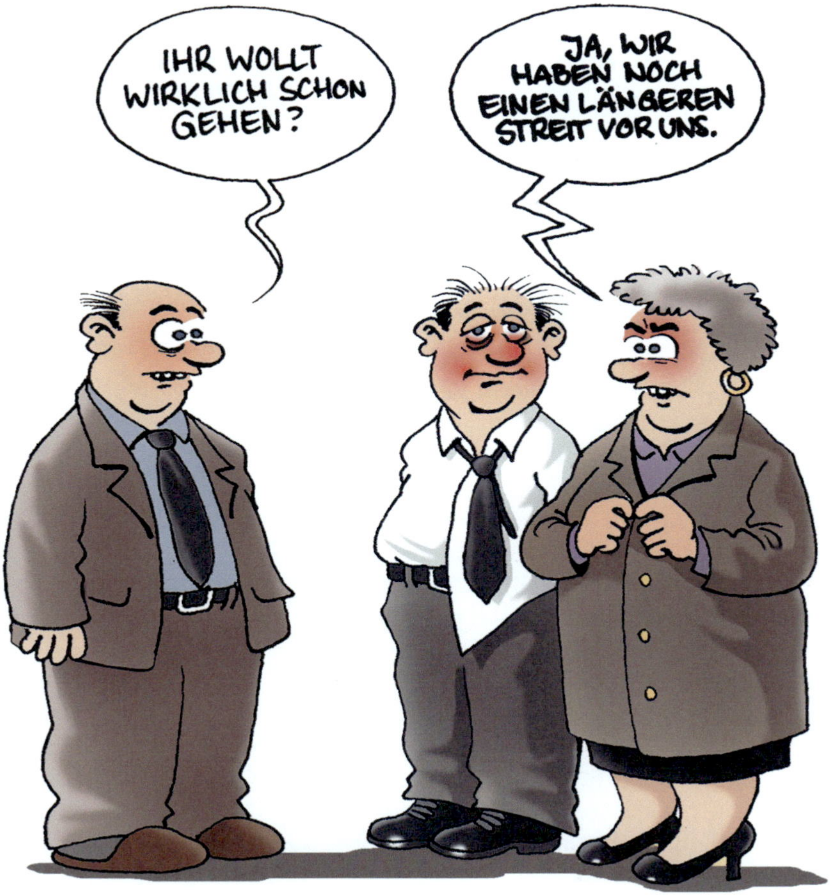
IHR WOLLT WIRKLICH SCHON GEHEN?
JA, WIR HABEN NOCH EINEN LÄNGEREN STREIT VOR UNS.

Er sucht...

Markus Arnold
Österreichischer Cartoonist sucht die perfekte Schnecke zum gemeinsamen Einschleimen seiner Alm.
Mehr unter:
www.dapainta.com

Miguel Fernandez
Presslufthammer sucht Baustelle.

Infos unter
gegen-den-strich.com

Stephan Baumgarten
Aufgeschlossener Comickünstler (m, Jahrgang ´81) sucht fülligen Rubensengel zum lieb haben und gegenseitigen Pickelausdrücken.

Du solltest natürlich, fröhlich und ausdauernd sein. Alter, Hautfarbe und Geschlecht spielen keine Rolle. Schweissdrüsenproblem erwünscht.
Zuschrift bitte mit Ganzkörper- und Detailfoto an: www.rastafisch.de

Steffen Gumpert
Zeichner (m, 32, Zwilling, ehemals Berlin) wurde zum wiederholtem Male auf den Mond geschossen. Alleine ist es doof hier. Falls du (Alter und Geschlecht egal) kein Pro

blem mit Schwerelosigkeit hast, nicht zu Fernweh neigst und obendrein im Besitz einer flugtüchtigen Rakete bist, dann schau hier doch mal auf nen Sprung vorbei - oder guck wenigstens im Internet unter www.suessesundsaures.net.
PS: Wenn du vorbeikommst, bring bitte Klopapier mit.

Christian Bögle
Kontaktscheuer und exhibitionistisch veranlagter Zwilling (28, m, Vanilla, 25/4) sucht zartes Stiefmütterchen für masochistisch angehauchten Blümchensex. Gerne auch mehr. Wenn du jetzt noch Damenbart, gepflegte Achselfrisur und sinnlich honiglichen Mundgeruch hast, klingt das total super und einem ersten Mondschein-Date würde von meiner Seite aus nichts im Wege stehen.
Wenn du mich kennenlernen willst, schicke einfach deine liebsten (und verständlicherweise getragenen) Höschen zusammen mit einem aussagekräftigen Foto an untenstehende Chiffre-Adresse. Ich freue mich über jedes neue Kleidungsstück. liebesdienste@chrismart.de

Christian Habicht
Du suchst jemanden, mit dem du Pferde stehlen kannst?
Da bin ich nicht der richtige. Ich stehle nicht, und schon gar keine Pferde.
Trinken tue ich auch nicht, höchstens mal alleine oder in Gesellschaft.
Wenn du mehr über mich erfahren möchtest, wirf doch mal einen Blick hierauf:
www.christian-habicht.de

Alex Hese

E, 28, kastanienbaunes Haa, vewegene Chameu und attenschafe Gafike, sucht R (Alte egal), füs Lesen, Scheiben und Ammeln. Gene auch Auche. Sichtung auf: www.waldgestalten.de

Michael Holtschulte

Blendend aussehender Cartoonist (m, Jahrgang '79, 20 cm und trotzdem großes Auto) mit Hang zu cholerischen Anfällen sucht Dich (w, zwischen 80 und 90 Jahre mit schwerer Krankheit und dickem Konto). Alternativ solltest Du zwischen 20 und 28 Jahren alt sein, idealerweise die Maße von 90-60-90 vorweisen können, gerne Scherben aufsammeln, kochen können und nicht viel reden. „Shopping" sollte ein Fremdwort für Dich sein. Ansonsten ist Michael ziemlich anspruchslos. Mehr unter www.totaberlustig.de

Falk Hühne

Ich (27, hager, sanfte Haut) suche Dich zum Anschweigen oder Tocotronic hören. Bitte kein Geschlechtsverkehr bzw. alles, was mit Anfassen zu tun hat. Mehr über mich erfährst Du im Internet unter www.couchkartoffelsalat.de und/oder im Duden unter: soziophop. Kennwort: Maschinengewehr.

Denis Metz

Ein junger, ambitionierter Cartoonist mit Hang zum schrägen Humor sucht gutaussehende einflussreiche Mitarbeiterin eines renomierten Comic- oder Buchverlages zum Hochschlafen. Nur ernst gemeinte Zuschriften unter Chiffre: www.schnabulak.de

DIPI

Briefmarken sind doch out! Papierveredler aus Duisburg (m, halbjung, NR, vorzeigbar in allen Lebenslagen) zeigt Dir (w, aufgeschlossen, humorvoll) seine Cartoonsammlung und vieles mehr. Neugierig auf die FUNNY SIDE OF LIFE? Dann los! Zuschriften bitte mit Foto oder Selbstportrait unter Chiffre www.smartoon.de

Lino Wirag

Selbstloser Zeichenschreiber (m, 24) sucht DICH (w, 60+) für gemeinsame Stunden voller Harmonie, Kathederwechsel und gemeinsamem Ausgebens deines Geldes. Wenn dein Herz und deine Brieftasche voll sind, dein Haus mind. 120 m² hat und einsam gelegen ist, deine Badewanne säureresistent und deine Kissen groß und schwer sind, dann melde dich über www.linowirag.de bei mir!

Sie wollen zwanglos mit einem der hier abgebildeten Herren plaudern?:

www.toonlight.de

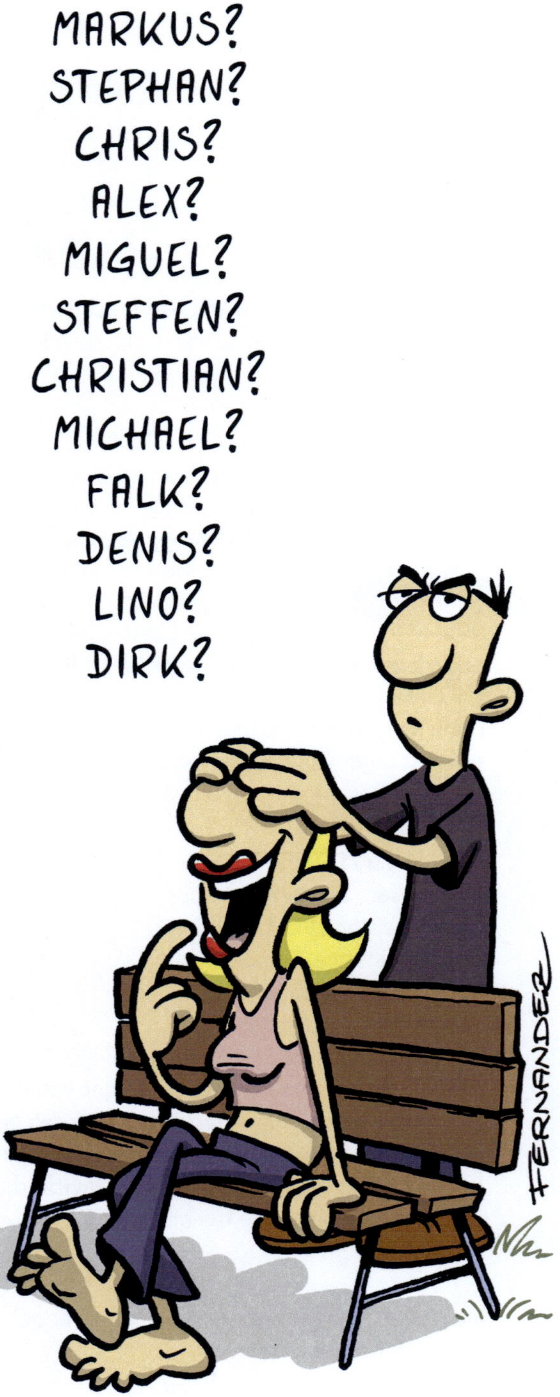
MARKUS?
STEPHAN?
CHRIS?
ALEX?
MIGUEL?
STEFFEN?
CHRISTIAN?
MICHAEL?
FALK?
DENIS?
LINO?
DIRK?
FERNANDEZ